二战经典**战役**系列丛书

# 突袭法兰西

白隼　编著

图文版

北方联合出版传媒(集团)股份有限公司

万卷出版公司

ⓒ 白隼 2018

**图书在版编目（CIP）数据**

突袭法兰西 / 白隼编著. — 沈阳：万卷出版公司，
2018.8
（二战经典战役系列丛书）
ISBN 978-7-5470-5018-7

Ⅰ. ①突… Ⅱ. ①白… Ⅲ. ①德国闪击法国（1940）–
史料 Ⅳ.①E565.9

中国版本图书馆CIP数据核字（2018）第169374号

出 品 人：刘一秀
出版发行：北方联合出版传媒（集团）股份有限公司
　　　　　万卷出版公司
　　　　　（地址：沈阳市和平区十一纬路25号　邮编：110003）
印 刷 者：北京飞达印刷有限责任公司
经 销 者：全国新华书店
幅面尺寸：170mm×240mm
字　　数：208千字
印　　张：14.5
出版时间：2018年8月第1版
印刷时间：2018年8月第1次印刷
丛书策划：陈亚明　李文天
责任编辑：赵新楠
特约编辑：吴海兵
责任校对：张希茹
装帧设计：亓子奇
ISBN 978-7-5470-5018-7
定　　价：49.80元
联系电话：024-23284090
传　　真：024-23284448

常年法律顾问：李　福　版权所有　侵权必究　举报电话：024-23284090
如有印装质量问题，请与印刷厂联系。联系电话：0316-3088587

# 前　言

　　1931 年 9 月 18 日，日本关东军在沈阳制造了九一八事变，日本帝国主义的魔爪开始伸向有着五千年文明的中华大地，中国最屈辱的历史从此开始。1939 年 9 月 1 日，希特勒独裁下的德国军队闪击波兰，欧洲大地不再太平，欧洲人的血泪史从此开始书写。一年后，德国、意大利、日本三个武装到牙齿的独裁国家结盟，"轴心国"三个字由此成为恐怖、邪恶、嗜血的代名词。

　　德、意、日三国结盟将侵略战争推向极致。这场战争不仅旷日持久，而且影响深远。人类自有战争以来从未有过如此大规模、大杀伤力、大破坏力的合伙野蛮入侵。"轴心国"的疯狂侵略令全世界震惊。

　　面对强悍到无以复加的德国战车，面对日本军队疯狂的武士道自杀式攻击，被侵略民族不但没有胆怯，反而挺身而出，为了民族独立，为了世界和平，他们用一腔热血抒写不屈的抵抗，用超人的智慧和钢铁意志毫不犹豫地击碎法西斯野兽的头颅。

战役是孕育名将的土壤，而名将则让这块土壤更加肥沃。这场规模空前的世界大战，在给全世界人民带来无尽灾难的同时，也造就了军事史上几十个伟大的经典战役，而这些经典战役又孕育出永载史册的伟大军事家。如果把战役比作耀眼华贵的桂冠，那么战役中涌现出的名将则是桂冠上夺目的明珠。桂冠因明珠而生辉，明珠因桂冠而增色。

鉴于此，我们编辑出版了这套《二战经典战役系列丛书》。其实，编辑出版这套丛书是我们早已有之的宏愿，从选题论证、搜集资料、确定方向到编撰成稿，历经六个春秋。最终确定下来的这20个战役可谓经典中的经典，如历史上规模最大的海战莱特湾大战，历史上规模最大的航母绝杀，历史上规模最大、最惨烈的库尔斯克坦克绞杀战……我们经过精心比对遴选出的这些战役，个个都特色鲜明，要么让人热血沸腾，要么让人拍案叫绝，要么让人扼腕叹息，抑或兼而有之。这些战役资料的整理花费了我们相当多的时间和精力，兴奋、激动、彷徨、纠结，一言难尽。个中滋味，唯有当事人晓得。

20个战役确定下来后就是内容结构的搭建问题。我们反复比对已出版的类似书籍，经过研究论证，最终形成了自己的特色。历史拐点（时间点）往往是爆发点，决定历史的走向，而在这个历史拐点上，世界上其他地方正在发生什么？相信很多人对此都会比较感兴趣。因此，我们摒弃了传统的单纯纪事本末叙述方式，采用以时间轴为主兼顾本末纪事的新颖体例。具体来说，就是在按时间叙事的同时，穿插同一时间点上其他战场在发生什么，尤其是适当地插入中国战场的情况，扩大了读者的视野。

本套丛书共20册，每册一个战役，图文并茂，具有叙事的准确性与故事的可读性，并以对话凸显人物性格和战争的激烈与残酷。每册包含几十幅精美图片，并配有极具个性的图说，以图点文，以文释图，图文相得益彰。另外，本套丛书还加入了大量的原始资料（文件、命令、讲话），并使其自然融入相关内容。这样，在可读性的基础上，这套丛书又具备了一定的史料价值，历史真实感呼之欲出，让读者朋友不由自主地产生一种穿越的幻觉。

本套丛书的宗旨是让读者朋友在轻松阅读的同时，对第二次世界大战有一个整体的认知，力求用相关人物的命令、信件、讲话帮助读者触摸真实的历史、真实的战场，真切感受浓浓的硝烟、扑鼻的血腥和二战灵魂人物举手投足间摄人心魄的魅力。

品读战役，也是在品读英雄、品读人生，更是在品读历史。战役有血雨腥风，但也呼唤人道。真正的名将是为阻止战争而战的，他们虽手持利剑，心中呼唤的却是和平。相信读者朋友在读过本套丛书后，能够对战争和名将有一个不一样的认识。

最后，谨以此书献给那些为和平、为幸福奋斗不息的人们！

# 目　录

# 第一章

# 磨刀霍霍待杀伐

英法盟军打算把这种不和不战的怪异状态继续保持下去，但是野心勃勃的德国人才不会这样陪他们玩下去呢。希特勒在吞下波兰后，即刻将刀锋挥向西欧，敦促他的将军们尽快着手实施进攻法国的准备工作。

## ◎ 超豪华防线

面对希特勒强悍的钢铁战车，虚弱的波兰不堪一击，顷刻间化为齑粉。在纳粹德国疯狂蹂躏波兰的同一时刻，西线却是静悄悄一片"祥和"之气。法国号称波兰最忠实的盟国，眼睁睁地看着自己的盟友悲惨地被肢解，非但没有果断出击，反而躲在世界上最坚固的掩体里，葡萄美酒夜光杯地欣赏着巴黎美女曼妙的舞姿。

东线战场炮火连天，西线战场陈兵百万，却没有发生什么战事，甚至连枪炮声都听不到。正如一位英国将军所说："世界上最强大的法国陆军，对峙的不过是 26 个德国师，却躲在钢筋水泥的工事背后静静地坐着，眼睁睁地看着一个堂吉诃德式的英勇的盟国被人消灭了。"

对此，很多人感到不可思议，可是希特勒和他的将领们有着清醒的认识，他们对于法国军队的做法一点儿也不感到意外。德国陆军参谋总长哈尔德在1939 年 8 月 14 日的日记中分析了一旦德国进攻波兰时西线方面可能出现什么情况，他认为法国"多半不会"采取攻势。他相信法国绝不会不顾比利时人的意愿借道比利时出兵。他的结论是，法国会继续采取守势。于是，当9月7日波兰军队败局已定时，哈尔德便开始忙于制订德军西调的计划。

两天后，希特勒发出第3号作战指令，命令做好准备，将陆军和空军部队从波兰调往西线，但不一定开打。指令规定："如果认为东线陆军和空中攻击部队的部分兵力对于完成这种任务和保卫已占领地区来说已经不再需要，那么就可以将其调往西线。在波兰空军的力量不断被削弱的情况下，除当前已采取的措施外，可以进一步抽调防空兵力对付我们的西方对手。"

法德两个相邻大国之间的战争由来已久，旧恨未去，又添新仇。法国位于西欧，与比利时、卢森堡、瑞士、德国、意大利、西班牙、安道尔、摩纳哥接壤，西北隔拉芒什海峡与英国相望，濒临北海、英吉利海峡、大西洋和地中海四大海域，总面积为55万平方公里，地势东南高西北低，平原占三分之二。

法国边境线总长度为5695公里，其中海岸线2700公里，陆地线2800公里，内河线195公里。高卢人早在公元前就在这片土地上聚居。公元前1世纪，罗马军团占领高卢。500年后，法兰克人占领高卢，建立法兰克王国。1789年，法国废除君主制，并于1792年9月22日成立第一共和国。1799年11月9日，拿破仑·波拿巴夺取政权。1804年，拿破仑称帝，建立法兰西第一帝国。1848年2月，法国爆发革命，成立第二共和国。1852年12月，路易·拿破仑·波拿巴总统建立法兰西第二帝国。1870年，普法战争爆发，法国战败。1871年9月，法国成立第三共和国。

第一次世界大战中，由于法国军队的盲目进攻导致法国人伤亡惨重。一战后，为了避免战争，永远不让法国成为战场，开始谨慎地保护人力资源，避免发动伤亡惨重的军事进攻。与 1914 年相比，1939 年的法国军队人数缩减了 30 万。出于策略上的考虑，法国对即将爆发的西线战事的第一反应是加强防御。为此，法国人开始大规模兴建防御工事，并对依赖重炮保护的法军重新部署。他们对防御战略的深信不疑体现在他们认为世界上最坚固的防线——马奇诺防线的兴建中。

从 1919 年开始，法国国防部便开始研究边境工程防御问题。1925 年，国防部制订了构筑独立堡垒地域配系计划。1927 年，计划先在法国东北边境修建梅斯、劳特尔和贝耳福 3 个堡垒区域，1928 年正式施工。

德国扩军备战的消息传来，法国民众强烈呼吁加强边境防御力量。1929 年 12 月，马奇诺出任法国陆军部长，经他提议，1930 年法国国会以多数票通过在法国东北边境修建堡垒防线的巨额拨款。于是，马奇诺防线开始全线施工，直到 1936 年才算完工。马奇诺防线耗资 60 亿法郎，于是这个工程浩大的防线便以它的倡导者、法国陆军部长马奇诺的名字命名。

1935 年，希特勒派兵占领了萨尔区，1936 年又吞并了莱茵兰。1937 年，法国不得不从马奇诺防线北端，沿整个法国 – 比利时边境直至北海边缘又修建了一条达拉第防线。达拉第防线是以当时的国防部长达拉第的名字命名的。同时，又对马奇诺防线进行了加固，工程一直持续到 1940 年 5 月德军闪击法国为止。

被法国人誉为铜墙铁壁的马奇诺防线从隆吉永至贝耳福长达 390 公里，连接梅斯堡垒地域、萨尔地域、劳特尔堡垒地域、下莱茵堡垒地域和贝耳福堡垒等地域。防线由纵深 4 ～ 14 公里的保障地带和纵深 6 ～ 8 公里的主要防御地带组成。

整个马奇诺防线最坚固的地段是梅斯和劳特尔。萨尔地域遍布江河和沼泽地，1935 年以后开始修建，该地段防御最为薄弱。下莱茵堡垒地域有个天然屏障，即莱茵河、罗讷河。在莱茵河沿岸地区，修建了大量射击工事。在梅斯和劳特尔堡垒地域的一些重要地段修建了地面和地下相结合的环形防御工事群。地上由装甲和钢筋混凝土组成机枪和火炮工事群，地下多达几层。地下工事拥有指挥所、休息室、储藏室、弹药库、救护站、电站、通风室等。工事之间均有通道连接，甚至可以通电车。射击工事里的武器由军事专家精心设计。

马奇诺防线共修永久工事约 5800 个，平均每公里正面达 15 个工事。钢筋混凝土工事的顶盖和墙壁厚达 3.5 米，装甲塔堡的装甲厚 300 毫米，可抗420 毫米炮弹两发直接命中。

另外，还修建了大量的防坦克壕、崖壁、断崖及金属和混凝土桩，并埋设了大量地雷。防线上遍布金属桩或木桩铁丝网，许多地段还修建了通电铁丝网。大型地下工事完全靠电力提供能源，拥有从厨房酒窖到牙医设备、从监狱到太平间在内的所有设施。每一座大型地下工事相当于一座小城镇，拥有独立的水井、食物供应和发电设备，能够独立生存 3 个月。

在一战中，法国官兵曾受过毒气侵害，于是在修建马奇诺防线的时候，就特别注意这方面的防护，法军可以用通风过滤设备来解决这一问题。炮手作战时非常安全，不需要直接观察目标，而是由地面观测员用潜望镜观测，再用电话通知炮手。

法国人构筑的大型地下防御工事四通八达，指挥所和生活区之间由许多长长的通道相连，可以抵达装备着加农炮、迫击炮和机枪的任何一处地堡。在大的地堡里装备大量武器，加农炮装在自动升降的钢铁炮塔里，炮塔固定在圆形钢铁转台上。平时地面上仅露出钢制的圆顶，作战的时候钢顶迅速上升 2 英尺，一对炮管便露了出来，可以自由旋转方向进行炮击。每一个加农炮塔内，围绕塔壁，绘有田野的地貌实景，方便炮手将射击的目标形象化。法国军事专家们事先计算了每一门火炮控制下的每一平方码，并依次设定了它们的坐标。

在大型地下防御工事入口处，增加了 47 毫米反坦克炮，修建了反坦克堑壕，必须穿过上面的钢吊桥才能进入入口。通过 7 吨重的钢门，还要经过长达 3 英里的水泥通道，才能到达 118 英尺的深度。一旦爆发战争，800 多名战士三班倒，就像在超大型潜艇上一样。如果战争时需要狙击步兵，可以用悬在头顶上的轨道将坦克炮收回，一挺先进的机枪就冒了出来。马奇诺防线的很多机枪下拥有升降凸轮，使得机枪火力能够覆盖更大的火力控制区，射出去的子弹保持离地一英尺的高度。

如果德军侦察人员渗透机枪火力来到工事外墙，类似滑槽油筒的手榴弹发射器就能将德军轻易消灭。一旦德军冲入大门，进入地下通道，便会被工事内的地堡机枪轻易射杀。即使大量德军越过这座地堡，只要指挥室一按按钮，就能引爆整个地下工事。即使引爆地下工事还没有消灭德军，法军士兵也可以立即从秘密出口撤离，通过一个很小的通道，来到一个垂直的出口。每座大型地下工事都有一个紧急出口：130 英尺长的阶梯垂直到达地面，洞口处有特别好的伪装。一旦德军发现了洞口，必定会攻入洞内。法国专家们早已考虑到这一点。德军打开洞盖，会看到一座墓穴。令人惊讶的是，墓穴的深度是正常的两倍，上面是真正的坟墓，铺设了钢门。钢门中部是紧急出口，从里面拉动杠杆，钢门自动打开，坟墓迅速下降，战士们就迅速出现在地面上了。

经过无数专家的无数次论证，马奇诺防线被攻克的可能性几乎为零。不过也有一些法国民众不无担心地说："假如德军从后面发起攻击，那么便会轻松地占领防线，因为防线的炮口是向前的。"不过，这种担心很快便销声匿迹：防线的大型火炮可以360度旋转，可以攻击来自任何方向的威胁。为此，一些德国军官曾回忆说，德军士兵在靠近马奇诺防线时像兔子一样逃窜。在大型火炮群和机枪的火力网覆盖下，只要有任何车辆和士兵落入射程内，均会灰飞烟灭。

马奇诺防线的工程究竟庞大到何种程度？举个例子来说吧，仅仅建造比奇附近的一处大型地下工事，就雇佣了2000名劳工，夜以继日地苦干了几年。德军在马奇诺防线进行了多次侦察。防线经过法比边界的阿登森林的南部。法国总参谋部认为，阿登森林和莱茵河一样是安全的。1934年，一些法国国防部的高级军官在视察马奇诺防线时说："阿登森林是不可逾越的天然屏障，不存在一丝一毫的危险。"

过了阿登森林，就是比利时边境，直至英吉利海峡。这段防线，法军没有认真修筑工事。

法军认为盟国比利时是一处很好的缓冲带，能够为法军至少争取8天的时间来组织防御力量。这个结论是根据德军步兵的推进速度推算出来的，然而这些自以为聪明的法国人忽略了德军装甲部队的惊人速度。

## ◎ 谨慎中冒险

随着波兰落入希特勒之手，战争的乌云开始由东线的波兰压向西线，压向德国的西邻法国。这些危机的降临，迫使驻守在没有防御工事地段的法军指挥官加紧修筑工事。就这样，漫长的法德边界又出现了成千上万个与整个防线极不相称的小型工事。法军总司令甘末林被西方人士称为"世界第一流职业军人"，他拟定了一项击败德军的绝密计划。甘末林的计划是：在现代化战争中，现代化武器致使防御比进攻处于 15∶1 的有利地位。甘末林认为，在法国边境修建一条由钢铁堡垒组成的"长城"，并配备现代化火力网，不管敌人投入多少兵力来攻，最终都将倒在枪林弹雨中。

法国军界一些有识之士对此曾提出过一些质疑。他们说："马奇诺防线的确坚不可摧，不过似乎太短了些，从瑞士到阿尔卑斯山起，在法德边界只修了 100 多英里。然而，从隆古庸到比利时的边界，如此开阔平坦的地带却没有修，其长度跟马奇诺防线相差无几。1914 年，德军就是在这一地带攻入比利时，进而攻入法国的。难保这次他们不会绕过马奇诺防线，再次沿着这一地带进攻。"

这些被日后证明非常重要的意见，却没有引起自以为是的甘末林和其他法国领导人的重视。甘末林的追随者极力为他们的偶像辩护："把防线继续向前修，一直穿过比利时，这当然好。可是，比利时人不同意，他们宁愿保持中立而不敢得罪德国人。当然，在法比边境也可以接着修马奇诺防线，但必须穿过长达210公里的重要工业区，这对工业的影响太大了。再说，延长防线的费用将是天文数字，这些边境地区的地下水位太高，不利于修筑坑道，政府再也不能承受如此庞大的开支了。另外，民众天天要求缩短工作时间，增加工资。战争狂人希特勒上台后，继续修马奇诺防线势必会刺激到他，从而使其不假思索地马上进攻我国。"

甘末林，这个被西方人士称为"世界第一流职业军人"的法军总司令究竟是个什么人物？

甘末林

甘末林，全名莫里斯·居斯塔夫·甘末林，1872年9月20日出生，1893年毕业于法国圣西尔军校和参谋学院。一战期间，因参与制订马恩河战役的作战计划，而在法国军界名声大振。1926—1928年，出任法国驻叙利亚军队司令，成功镇压了叙利亚起义。1930年，历任法国陆军总参谋长、最高军事委员会主席、国防部总参谋长等职。1930年9月3日，升任法国陆军总司令兼英国远征军指挥。二战期间，甘末林兼任西线盟军司令，在他的领导下，法军过于依赖马奇诺防线，结果导致战败。战败后，他主张向德国投降。1940年5月，甘末林被撤职。1943年被押解至德国，投入集中营。1945年，甘末林获释。从此，他开始写回忆录，著有《服役》《马恩河交战中的机动与胜利》等书。1958年4月16日去世。

那些有识之士的金玉良言被甘末林束之高阁，法国终究没能把马奇诺防线彻底修完，而是采纳了甘末林的计划：一旦发生战争，军队将部署在未修筑工事的法比边境一带，与20万比利时军队会合，建立庞大的防御阵地，固守马斯河防线。因为在现代化战争中处于防御地位具有很大的优势，德军一旦发动进攻，必将遭受法比盟军的沉重打击。

与法国人被动防御策略不同，德国人却是咄咄逼人。希特勒征服西欧之心早已有之。1939年，鉴于英法与波兰之间的盟国协定，希特勒在一次国防会议上，对他的高级将领们分析道，要占领荷兰和比利时，击败法国，为对英作战奠定基础。目前德军须集中精力对付波兰，希特勒尚无暇进攻西欧。进攻波兰期间，希特勒指示德军在西线要慎重行事，尽量采取守势，目的是避免双线作战。为此，希特勒于1939年8月31日签署了第1号作战指令，其中关于西线方面的内容摘选如下：

在西线，有一点至关重要，那就是让英国和法国单方面承担挑起战争的责任。对于侵犯边界的小规模活动，暂以局部行动对付。

对荷兰、比利时、卢森堡和瑞士等中立国，由于我们给予过保证，所以一定要予以尊重。

未经我的同意，不得在陆上任何一个地点越过德国西部边界。这同样适用于海上的一切战争或可解释为战争的行动。

空军的防御措施，目前仅限于无条件拦截敌人对德国边境发动空袭。在拦截单机和小编队敌机时，要尽可能长时间地尊重中立国的边界。只有在英国和法国出动强大攻击编队飞越中立国领空进攻德国而西部的对空防御不再有保障时，方可在中立国上空实施拦截。

需要特别强调的是，西方敌对国侵犯第三国中立地区的情况，应毫不迟延地随时向国防军统帅部报告。

假如英法两国对德宣战，国防军西线部队的任务是，在尽可能保存实力的情况下，为结束对波兰作战创造有利的条件。在这个范围内，最大限度地消耗敌人的武装力量及其军事经济资源。无论何时何种情况，我拥有下达进攻命令的唯一权力。

陆军坚守西线壁垒，随时做好准备阻止（西方国家在侵犯比利时或荷兰领土的情况下）从北面包抄西线壁垒。一旦法国军队进入卢森堡，立即炸毁边界上的桥梁。

海军的主要任务是对英国进行经济战。为了扩大效果，可以考虑宣布危险区。海军总司令部要提出报告，说明哪些海域适于宣布为危险区以及危险区的范围。至于公告的内容可与外交部协商拟订，最后呈报国防军统帅部，由我批准。另外，还要防止敌军进入波罗的海。为达此目的，是否以水雷封锁波罗的海通道，具体由海军总司令决定。

空军的首要任务是，防止英国和法国空军袭击德国陆军和德国的生存空间。对英作战时，空军应破坏其海上补给线，摧毁其军事工业，阻止其向法国运送兵力。一定要抓住有利战机，对密集的英国舰队特别是战列舰和航空母舰，实施有效的打击。至于对伦敦的空袭，则由我决定。


由此可以看出，当时希特勒对西线特别是英法采取行动并没有十足的把握，他希望德波战争期间，英法能够保持观望态度。后来，事态的发展一如希特勒所料，英法两国军队静静地坐在坚固的防御工事里等候德国完全征服波兰。要知道，由瑞士的巴塞尔到德国卢森堡边界的正面长达 400 公里，而由那里到韦瑟尔西北的莱茵河还有 250 公里的距离。在这一拉得很长的正面进行防御的是由德军冯·勒布上将指挥的西方集团军群（辖 8 个基干师和 25 个后备师）。无论从技术装备，还是从战斗训练，这个集团军群的战斗力都不是很充分的，他们甚至没有坦克兵团。德军兵力的分布情况是这样的：由多尔曼上将指挥的第七集团军沿着巴塞尔到卡尔斯鲁厄这一段的莱茵河部署；由维茨莱本上将指挥的第一集团军占领莱茵河至卢森堡边界的西方壁垒；由伦德施泰特将军指挥的 A 战役集群，则部署在韦瑟尔以南、德国与各中立国之间的边界上。

正如丘吉尔在他的回忆录中所说的那样："自从慕尼黑危机以来，德国的实力虽然已有巨大的增加，但是在波兰被征服之前，德国最高统帅部对于他们在西线的局势仍然非常焦虑，只是希特勒的专断权力和坚决意志以及由于他的政治判断得到证实而产生的威望，才怂恿或迫使将军们冒他们认为不应该冒的风险。"

## ◎ 吹响进攻西线的号角

德国入侵波兰的战争爆发后，法国于 9 月 3 日对德宣战，但非常消极，只是想防守法德边境。法国军队开到马奇诺防线，同时在后面部署了兵力不多的"掩护军"，可见法国并不打算对德国开战。英国远征军则在 10 月份的第一个星期才到达两个师，另两个师更晚，当其到达时，波兰早已成为希特勒的囊中之物。英国军队的这种行为后来被丘吉尔称为"象征性的贡献"，这也是法国人没有展开进攻行动的原因之一，但又不能排除法国惧怕德国强大的空中优势，所以他们尽量避免发生任何形式的直接冲突。

英法盟军打算把这种不和不战的怪异状态继续保持下去，但是野心勃勃的德国人才不会这样陪他们玩下去呢。希特勒在吞下波兰后，即刻将刀锋挥向西欧，敦促他的将军们尽快着手实施进攻法国的准备工作。希特勒自有他的打算，他的目的是打垮西方国家，使其丧失优势，为日耳曼民族赢得生存空间。

9月12日，希特勒对他的副官施蒙特说，他确信法国很快会被征服，接下来就是迫使英国议和。希特勒27日在柏林召开的军事会议上指出："此次作战的目的是迫使英国屈服并击溃法国。"他认为在西线尽快实施进攻是有利的，"如果我们现在不争分夺秒，那么时间一久将对我们很不利。英法两国的经济潜力比我们大……在军事上时间也对我们不利。鉴于此，我们决不能等敌人打上门来，而是要向他们进攻，越快越好。"

德国陆军总司令布劳希奇不赞同希特勒的看法，他认为，如果急于在西线作战，则很有可能陷入两线作战的困境。他担心进攻西欧会破坏德国郑重保证的比利时和荷兰的中立，这将加剧各国对德国的仇视。他知道从政治上很难说服希特勒改变主意，于是想从军事方面说服希特勒。他说，波兰战争刚结束，主力部队急需整训，加上后备部队还没有做好战争准备，弹药也不是那么充足。总之，布劳希奇认为这个时候进攻西欧获胜的概率非常小。

希特勒一旦下定战争的决心，是决不允许有任何反对意见的。布劳希奇的上述说法，等于是否定了他的决心。就这样，两人之间产生了矛盾，并且这种矛盾愈加尖锐起来。

希特勒既然在会议中如此说，自然就有他的一套手腕。他利用英法两国军队消极避战的心理，大放和平烟幕弹，以便掩盖他那狂热的野心。10月6日，希特勒在国会发表演讲，摇身一变成为和平使者，向英法提出"和平"建议，可惜遭到拒绝。英法两国的拒绝，恰恰中了希特勒的圈套。希特勒的"和平"倡议遭到拒绝后，马上便亮出了战刀。3天后，也就是10月9日，希特勒签署了第6号作战指令，这个指令吹响了进攻西线的号角，他在指令中要求军队做好进攻西欧的一切准备工作。

国防军最高司令 柏林

国防军统帅部/指挥参谋部/国防处一组 1939 年 10 月 9 日

1939 年第 172 号绝密文件

仅传达到军官


第 6 号作战指令

一、若能断定英国及其领导下的法国不愿结束战争，那么我决定不久即实施主动进攻性的行动。

二、等待时间一长不仅会导致比利时也许还有荷兰的中立态度偏向西方国家，而且会使敌人的军事力量得到不断增强，从而使这些中立国对我们的最终胜利丧失信心，另外对于促使军事盟国意大利站到我们一边也起不到积极作用。

三、为了继续实施军事行动，现在我命令：在西线北翼，务必做好通过卢森堡、比利时和荷兰领土实施进攻作战的准备工作。

这次进攻作战的规模要尽可能大，并且要尽快实施。这次进攻作战的目的：最大限度地消灭法国陆军部队及其一同作战的盟军；尽最大可能夺取比利时、荷兰和法国北部领土，以此作为对英国进行极有成功希望的空战和海战基地，作为鲁尔地区广阔的前方保障地带。

进攻的时间取决于装甲部队和摩托化部队的战前准备以及届时出现的和预报的天气情况。需要强调的是，战前准备工作一定要全力加速进行。

四、空军须防止英法两国空军对我陆军部队的突然袭击，必要时可以直接支援陆军部队向前推进。需要特别强调的是，一定要阻止英法两国空军在比利时和荷兰建立基地，一定要防止英军在比利时和荷兰登陆。

五、全力实施海上战争，目的是在这次进攻作战中间接或直接支援陆军和空军部队的行动。

六、除了按计划做好在西线实施进攻行动的准备外，陆军和空军部队要时刻处于待命状态，并不断提高战备程度，以便尽可能远地在比利时领土上迅速迎战向比利时开进的英法两国军队，以便占领荷兰西部海岸尽可能辽阔的地区。

七、准备工作一定要注意隐蔽，其目的是给人一种假象：我们仅仅是为了对付英法两国在法国与卢森堡和比利时边界附近即将进行的兵力集结而采取的预防措施。

八、各位总司令先生，这里仅指国防军各军种的总司令冯·布劳希奇（陆军）、雷德尔博士（海军）和戈林（空军），你们还将收到一份题为《关于进行西线战争的备忘录和方针》的详细文件。据此指令，请各位尽快向我报告各自的详细计划，通过国防军统帅部继续向我报告各项准备工作的情况。

签字　阿道夫·希特勒


希特勒在指令中没有下达进攻的具体时间，他只是告诫他的下属不能过早地发动进攻，不过一旦有可能，无论如何务必在秋天行动。德国陆军将领们对此深感疑虑，希特勒深思熟虑的第 6 号作战指令并没有让他们兴奋起来。

尤其是正在和法军对峙的集团军司令冯·勒布将军，他认为德军在西线的进攻会遭到重创。会后第二天，勒布写了一份长长的备忘录，分别送给陆军总司令布劳希奇等国防部的领导，指出德军若自毁诺言进攻中立的比利时和荷兰，是违背道义的，将遭到全世界的一致反对。

德国陆军将领们的担忧被希特勒视为迂腐和懦弱，他需要闪电式的进攻和不断的胜利，而不是遵守什么一文不值的诺言。他要用他的钢铁战车碾碎整个西欧。10 月 18 日，希特勒迫不及待地授权总参谋长凯特尔发出在西线行动的第 7 号作战指令，这是对第 6 号作战指令的补充。

国防军最高司令　柏林

国防军统帅部／指挥参谋部／国防处一组 1939 年 10 月 18 日

1939 年第 181 号绝密文件

仅传达到军官

第 7 号作战指令

关于对进攻计划开始付诸实施前同西方敌人作战的方针，特作如下补充：

一、即刻采取下述行动

1. 陆军

派出侦察小分队越过法国边界，切记该行动只为进行侦察和同企图避开我军之敌保持接触。

2. 空军

歼击机飞越法国领空，任务是为陆军侦察小分队提供必要的空中掩护，攻击港口内的英国海军力量（之前已经口头下达命令）。

3. 海军

攻击敌人护航编队护航的或闭灯行驶的客轮。对提出的所有其他会激化同英国的经济战的措施，需要经统帅部对其政治和经济影响进行研究，之后由领袖做出最终裁决。

海军和空军务必密切协同，抓住每一个有利时机攻击海上和港口内的英国海军力量。

二、一旦出现必须阻止英法盟军向比利时推进的情况时（见第6号作战指令第六条），陆军应即刻进入卢森堡境内。

这个时候，空军可以直接增援陆军，阻止英法盟军的空军干扰我陆军的行动，并阻止其向前推进。除此之外，空军还要全力阻止英法盟军的空军在比利时和荷兰建立基地以及英军在比利时和荷兰登陆，这一点非常重要。

在上述情况下，空军可自由飞越德国整个西部边界。强调一点，在比利时、荷兰、卢森堡地区禁止攻击其工业目标，禁止发动很可能会危害平民的攻击。

在上述情况下，第6号指令的第五条同样适用于海军。

三、为隐蔽攻击企图，除各军种在指挥方面采取措施外，统帅部各直属单位，特别是国防军通信监察长、谍报处和宣传处必须采取统一行动。

另外，尽快将各种建议和要求呈报国防军统帅部（指挥参谋部／国防处）。

受托者：（签字）凯特尔

从作战行动上来说，第 7 号作战指令显然比第 6 号指令更为具体，这也意味着希特勒进攻西欧的企图已经昭然若揭。

## ◎ "黄色方案"一拖再拖

依据第6、第7号作战指令，德军陆军总司令部于1939年10月19日制订了进攻西线的第一个作战计划，即"黄色方案"。该方案规定，德军主要进攻兵力集中在右翼，其任务是向比利时和法国北部实施主要突击，并占领英吉利海峡的沿岸港口。这一方案和一战前著名的"施利芬计划"有某些相似之处。所不同的是"施利芬计划"的目的是在占领英吉利海峡各港后实施大规模迂回，使德国的右翼军队通过比利时和法国北部越过塞纳河，在巴黎以南折向东方，以围歼法军主力，并最终摧毁法国的武装抵抗。"黄色方案"的目标则比较有限，主要是占领英吉利海峡沿岸地区和海军基地，以便切断法军与英军之间的联系，不断骚扰和封锁英国本土，最终迫使英国求和。

按照"黄色方案"的要求，德国陆军主力集结在北翼。拥有37个师（包括8个坦克师和2个摩托化师）的B集团军群在北翼实施主要突击，占领布鲁塞尔以北及以南地区，然后不失时机地向西发动攻击，目的是迫使敌军从安特卫普向布鲁日和根特地区撤退。

A 集团军群部署在左翼，拥有 27 个师，任务是从南面掩护主要方向的突击，以其右翼在那慕尔以南渡过马斯河，然后向桑布尔河以西扩大突破口。

C 集团军群部署在南方，拥有 25 个师，初期不参加进攻，其任务是在法国－卢森堡边界到瑞士建立正面防御。

10 月 27 日，希特勒在柏林召开的一次会议上就"黄色方案"指出："拖延时间对于德国非常不利，我打算在近期向西欧发起攻击。"希特勒担心"黄色方案"可能造成消耗战，于是决定向英法盟军的中心发动攻势。最高统帅部认为不可行，不得不对"黄色方案"进行了一些小的改动。

希特勒仍然不放心"黄色方案"。一些高级将领对这个方案有不同的看法，他们认为，"黄色方案"将主攻方向选在比利时中部，助攻方向选在阿登山区，且把所有装甲师都配置在主攻方向，这样只能将联军击溃，而无法将其全歼于索姆河以北，同时会将德军拖入阵地战的危险中。

德军将领们对进攻的消极态度影响了"黄色方案"的执行。哈尔德在 1939 年 11 月 3 日的日记中写道："没有一个高级指挥机关认为最高统帅部下令实施的进攻有必胜的把握。"

进攻西线的时间原定于 1939 年 11 月 12 日，由于寒冬来临，天气状况越来越糟，陆军指挥官们厌战情绪严重，所有这些促使希特勒不得不将进攻日期一推再推。"黄色方案"总共推迟了 29 次，最终定为 1940 年 1 月 17 日。

11 月 5 日，布劳希奇和哈尔德经过视察后将得到的结果，连同他们自己的意见汇集成备忘录，呈送希特勒，并向他讲解了德军当前存在的困难。然而，希特勒对此不予理睬，并朝他们大声叫嚷："绝对不行，这绝对不行，进攻必须马上展开！"他坚持在 11 月 12 日在西线发起攻击。

11 月 7 日，比利时和荷兰两个中立国发表了一个联合声明，表示愿意为维护和平而努力。这使希特勒陷入尴尬的境地，只好延缓了进攻计划，并于 11 月 20 日授权凯特尔发布第 8 号作战指令。


国防军最高司令　柏林

国防军统帅部／国防军指挥局／国防处一组 1939 年 11 月 20 日

1939 年第 213 号绝密文件

仅传达到军官


第 8 号作战指令

一、为保证已经开始的行动能够不断进行下去，务必要保持战备状态。唯其如此，有利的天气形势才能为我及时充分地加以利用。

国防军各军种一定要有这样的准备：若命令在 A 日，也就是发起攻击日，前一天的 23 时才传到各总司令部，则攻击仍有可能停止。最迟在这一时间内，代号为"但泽"或"奥格斯堡"的命令，将传达到各总司令部。

请陆军总司令和空军总司令在攻击日确定后，即刻将双方商定的发起攻击开始时间上报国防军统帅部／国防处。

二、没有下达特殊命令的情况下，总攻一旦开始，计划对荷兰采取的所有措施即可付诸行动，不受之前所发指令的限制。

总攻开始前千万不能忽视荷兰国防军的态度。如果对方没有出现抵抗，那么这次行动将具有和平占领的性质。

三、地面作战行动一定要按照 10 月 29 日的进军命令展开。另外，作两点补充：

1. 一旦对敌人目前兵力部署情况所估计的那样的情况出现，在 A 集团军群方向则能比在 B 集团军群方向更迅速地取得更大规模的胜利。如果这样的话，则务必采取一切必要措施，将作战重点即刻从 B 集团军群方向转移至 A 集团军群方向。

2. 务必先占领格雷贝－马斯一线的荷兰领土，包括其对面的西弗里西亚群岛，但不包括特塞尔岛。

四、海军在总攻发起的前夜可以动用潜艇。陆军发起攻击后，海军用水面舰艇和飞机，封锁比利时港口及航道；可以不受之前规定的限制，封锁荷兰的港口及航道。切记，应尽量缩短从开始进行封锁到地面发起攻击之间的间隔时间。

只有荷兰海军采取敌对行动时，才可以按计划对其付诸行动。

对已经占领的沿海地带，海军一定要部署炮兵进行海岸防御，以对付来自海上的进攻。一定要做好这方面的准备工作。

五、空军的任务按照之前规定，没有什么变化。仅补充了由领袖口头下达的特别任务：实施空降；支援陆军占领马斯特里赫特在荷兰境内以西的桥梁。

只有完全占领艾伯特运河在比利时境内的桥梁后，第七航空师才可以组织空降。另外，一定要保证在陆军总司令和空军总司令之间能最快地传递这方面的消息。

除非绝对必要，否则不可攻击荷兰、比利时和卢森堡境内的民众居住地，尤其是大的不设防城市及工业设施。

六、边界封锁

1.攻击发起前，荷兰、比利时和卢森堡边界应像平时一样保持边境交通和通信畅通，以便造成突然性；民事当局不参与封锁边界的准备工作。

2.攻击一旦开始，即刻封锁与荷兰、比利时和卢森堡接壤的边界，禁止一切非军事的边境交通和通信来往。陆军总司令应就此给各有关军事和民事机构下达命令。攻击一旦开始，国防军统帅部将向有关帝国最高当局通报陆军总司令直接规定的边界封锁措施。

3.攻击展开后，与中立国接壤的帝国其余边界，暂时不对边境交通和通信来往进行限制。必要的时候，可以将事先准备好的对通信和人员往来的监视措施付诸行动。

受托者：国防军统帅部总参谋长（签字）凯特尔

# ◎ 军事机密会议

　　希特勒为了消除将领们对西线作战的疑虑，增强其信心，提高其大战前的高昂士气，于 11 月 23 日召开了国防军事机密会议，就当前面临的形势和目标发表了长篇演说。这是一次对主要军事将领们所做的秘密的精神讲话，是希特勒所有秘密精神讲话中最能说明问题的一次。

　　希特勒一开始便说："这次会议的宗旨是让你们了解一下我的思想境界，因为这支配着我对未来事态发展的态度。另外，我还要把我的决定告诉你们。"他在与会人数不多的会议上，口若悬河，肆无忌惮，异常露骨，使人清楚地看到了他那想象力丰富然而极不正常的脑袋里的一切思想活动的轮廓。

　　在谈到早年自己的奋斗时，希特勒自信满满地说："我对于历史事态的可能发展有着清楚的了解，对于做出无情的决定有着坚定的意志……作为最终决定性的因素，我可以毫不夸大地说，我是不可代替的。没有一个军人或是文官能够代替我。谋刺我的阴谋以后可能还会有。我对自己的才智和决断能力是深信不疑的……没有一个人取得过像我这样的成就……在我的领导下，德国人民的地位空前提高了，即使现在全世界都在恨我们……国家的命运全在我一个人身上，我自然当仁不让。"

希特勒愤怒地斥责将领们在他做出"果断决定"要退出国联、宣布征兵制、占领莱茵兰、在莱茵兰设防及吞并奥地利时不该表现怀疑和动摇。他说："那时候，相信我的人非常少。"希特勒在叙述他的"辉煌"业绩时，蓄谋已久的侵略野心暴露无遗：

我一开始就非常清楚，我不能仅仅满足于取得苏台德日耳曼人区，这只不过是局部的解决办法而已。按照我的计划，我顺理成章地做出了向波希米亚进军的决定。随着"保护国"的建立，成功征服波兰就有很好的保障。不过，那个时候我还不是非常明确，是先征服了东方，回过头征服西方；还是先征服西方，然后再来收拾东方。鉴于局势发展的刻不容缓，我最终决定还是征服波兰。可能有人指责我，说我总是打来打去。然而，我认为战斗是我们的命运。不管是谁只要他不甘心失败，就不可避免地要进行战斗。

我们日益增长的人口，需要谋求更大的生存空间。我奋斗的目标是，让我国人口的数目和所需的生存空间之间保持一个合理的比例关系。这就是我要进行战斗的出发点。任何民族都无法回避这个问题。这个问题得不到很好的解决就只有卑躬屈膝，逐渐衰亡下去……在这个时候，妄图通过外交上的所谓高超谋略根本不起任何作用，刀剑才是解决这一问题的唯一的行之有效的方法。没有力量战斗的民族退出历史舞台是迟早的事。

希特勒说，包括俾斯麦和毛奇在内的过去那些德国领导人的毛病是"不够坚强，唯有在有利的时机对一个国家发动有效的进攻才能解决问题"。由于认识不到这一点，结果1914年的战争"多面受敌，因而未能解决这个问题"。

希特勒继续滔滔不绝地说："今天，第二幕戏正在编排。67年来我们第一次避免了两线作战……但是没有人知道，这种局面能够维持多久……从根本上来说，我把武装力量组织起来，并不是为了养兵不用。我一直有决心要发动攻击。"

想到目前单线作战的好处时，希特勒提到了苏联，"就目前来说，苏联对我们还没有什么危险。它已经由于许多内部问题而被削弱了。况且，我们同苏联还有条约，但是，条约只有在它们还能为某种目的服务的时候才会遵守。苏联也只有在认为这个条约对其有利的时候才会遵守它……苏联抱有长远的目标，特别是加强它在波罗的海地区的地位。我们只有在西线腾出手来才能对付苏联。"

说完苏联问题，希特勒提起了意大利和美国，他说，至于意大利，一切取决于墨索里尼，"他一旦死去，情况就可能全盘改变……正如斯大林死了一样，意大利领袖一旦死亡则会给我们带来一定的危险。一个政治家是很容易遭到不测的，最近我对这一点有亲身体会"。美国由于有中立法，所以目前对德国来说还没有构成威胁，同时它对盟国的援助是有限的。然而，时间对敌人有利。"目前是一个好机会。再过6个月就可能不再如此了。"

说到这里，希特勒强调指出："我的决心是不可改变的。我要尽快在最有利的时机进攻法国和英国。破坏比利时和荷兰的中立并没有多大关系。在我们取得胜利后，将不会有人提出这个问题了。关于破坏中立的行为，我们是不会提出 1914 年那样笨拙的借口的。"

说起西线，希特勒对他的将领们说，西线的进攻意味着"世界大战的结束，而不仅仅是一个作战行动，它所关系的不是某一个单独的问题，而是整个民族的生死存亡"。

西线问题讲完后，希特勒发表了鼓舞人心的结束语："我们历代伟人的精神一定会鼓舞我们勇往直前。命运要求于我们的，并不比对德国历代伟人所要求的更多。只要我活着，我所想到的将只是我国人民的胜利。我不会在任何困难面前退缩，我将消灭一切反对我的人，我要消灭我的敌人！"

希特勒的这次演说有着异常的魔力，几乎所有在座的将领都不相信德国在这个时候发动进攻会取得胜利，但是没有一个站出来表示怀疑，也没有一个人起来质问进攻比利时和荷兰是否违反道德，尽管这两个国家的中立和边界曾得到德国的庄严保证。据当时在场的某些将领说，希特勒对陆军高级将领和参谋总部里存在的消极情绪的批评，比上面所说的要厉害得多。

总之，希特勒的这次演说尽管激情澎湃，天花乱坠，却没能使他的将领们增加多少信心。陆军总司令布劳希奇、陆军参谋总长哈尔德同大多数高级将领一样，仍然不相信德军的兵力和新式武器占有压倒性优势，他们担心进攻西线会导致巨大的风险。然而，他们无力阻止希特勒的狂热行为。

## ◎ 希特勒的秘密武器

　　1940 年 1 月 10 日凌晨，一架德国轻型飞机从雪雾中钻出来，迫降在梅克林郊外的原野上。一名德国军官跳下飞机，从公文包中抽出一叠文件，点火焚烧，因为风大，几次都没有擦燃火柴。几个值勤的比利时宪兵扑向那名德国军官，夺过文件残本。

　　原来这位烧文件的德国军官是空降兵司令官的少校联络官，他正在烧毁的文件封面为黄色，即那份至关重要的绝密文件"黄色方案"。比利时政府立即把"黄色方案"的残本转送英法两国。英、法、比、荷四国针对德军的计划，重新调整了军事部署。德国驻比利时武官通过窃听比、荷两国国王的电话交谈，认为英、法、比、荷四国掌握了"黄色方案"的秘密。

　　德军陆军将领曼施坦因认为，既然"黄色方案"泄密了，若要继续执行，定会失去战略突然性，德军将不可避免地面对英法盟军的联合围攻，因此制订替代方案成为当务之急。希特勒同意曼施坦因的看法，决定对"黄色方案"

进行修改，最终确立的进攻方案是曼施坦因提出的计划，也就是人们常说的"镰割"计划。

当希特勒加快西线作战步伐的同时，情报工作的配合也是天衣无缝，且很早就开始着手搜集各方面的重要情报，以便早日实现德意志征服西方、征服世界的野心。德国的情报机构是国防部阿勃韦尔处，又称国防部军事谍报局。一战结束后，德国政局动荡，经济萧条，各种暴力事件频繁发生。阿勃韦尔处是控制间谍和反间谍事务的机构，那时它承担着警察部门的职责。后来经过改组，阿勃韦尔处的首要职责是政治性的间谍机构。1919年11月，德国国防部发布扩军命令，同时也扩充了其间谍机构。根据这一命令，德国各军区司令部、国防军各旅都建立了情报处。情报处的任务是：搜集外国情报，与外国的情报组织进行斗争；搜集国内情报，监视军队；监视一切政治活动。

德国的情报机构很快发展起来，成为德国政府对内统治的有力工具。阿勃韦尔处的第一任处长叫弗德里克·格姆普。1924年后，德国国内局势稳定，阿勃韦尔处对内活动大量减少。1925年，格姆普改组阿勃韦尔处为3个科。一科负责侦察；二科负责通信；三科负责反间谍。格姆普还在德国7个军区建立阿勃韦尔机构。

格姆普的这次改组奠定了德国情报机构的主要格局，改组后的阿勃韦尔处效率更高了，为德军提供了许多有价值的情报。1928年4月1日，德国国防部长格鲁纳命令阿勃韦尔处脱离统计局，德国海军情报处从海军中脱离出来，两者合并成国防部阿勃韦尔处，即国防部军事谍报局。国防部军事谍报局直接隶属国防部长，各通信情报机构必须将情报交给军事谍报局。

20世纪30年代初期，德军的无线电侦察机构破译了法军联络时使用的密码，德国人在破译方面显示了超人的才华。法军的密码属于密本加乱数的作业本制。法军在使用密码电报时每天都对乱数进行变化，但密本长期不变，结果法国国防部对各大军区的密码电报大多数被德国最高统帅部的无线电侦察机构破译。然而，德军的无线电情报侦察机构对法国国防部与法意边境一个军区的专用密码却无计可施，直到1938年德军密码破译人员才攻破了这种专用密码。德军的侦察机构掌握了法军的所有密码，法军还天真地以为其无线电通信中拍发的是密电。

1933年，希特勒当选总理后，大肆扩充军事谍报局，军事谍报局成为各级情报机构的老大。当时的军事谍报局局长是海军上校康拉德·帕齐希。由于帕齐希领导有方，军事谍报局的事业蒸蒸日上。1935年德国恢复了总参谋部，国防部成了最高统帅部，军事谍报局也改名为"最高统帅部军事谍报局"。由于海德里希领导的党卫队保安局不断插手军事谍报局的情报事务，军事谍报局局长帕齐希竭力反击。后来，帕齐希被迫辞职。他在辞职前推荐卡纳里斯为继任者。

1935年1月1日，海军大校卡纳里斯成为军事谍报局局长。他上任后，发现军事谍报局的老大地位要保不住了。当时，研究部成了德国的无线电情报中心，外交部建立了密码处，空军情报由空军负责，党卫队的保安处更是处处与军事谍报局作对，更要命的是军事谍报局的通信情报都被陆军和海军霸占了。

军事谍报局已经四分五裂，希特勒对此感到不安。为了扩大德国的"生存空间"，希特勒想要一个高效率的情报机构帮他搞清外国对德国扩军的态度。当时，德国的实力还很弱，国际地位低，希特勒尽管野心很大，但顾虑也很多，担心英法对德国进行联合制裁。鉴于这些原因，希特勒对卡纳里斯寄予了厚望。

1936年，卡纳里斯改组军事谍报局，将军事谍报局分为三个处：一处负责军事情报搜集和评估；二处负责破坏和颠覆活动；三处负责反间谍。卡纳里斯工作卖力，使军事谍报局的工作又重新走上正轨。他放弃与党卫队保安局等情报机构的斗争，把工作重点转向隐蔽行动。卡纳里斯吸取了帕齐希的教训，尽量讨好海德里希。他曾经在"柏林号"军舰上是海德里希的上级，利用这层关系，经常邀请海德里希做客，关系处得很好。卡纳里斯表面上不跟海德里希的党卫队保安局争什么，暗地里却拼命扩充情报网。在国内，将报刊、军需工厂、政府机关、武装部队等部门处于军事谍报局的监控之下。在国外，卡纳里斯的胃口越来越大，派出的间谍越来越多，并积极争取外国友好情报机构的支持。

卡纳里斯并不像帕齐希那样计较海德里希对军事谍报局事务的插手，他在国外建立了庞大的情报网，许多重要情报不断放到希特勒面前。比如，得到布加勒斯特陆军部部署计划和军队细节的情报；打探到苏联军队的实力；得到马奇诺防线的详细情况；等等。

仅用了几年时间，军事谍报局就成为德国最杰出的情报机构，凡是有关国外的情况，德国统帅部几乎都要找卡纳里斯询问。卡纳里斯最擅长的是颠覆、暗杀和破坏等间谍活动，军事谍报局在他的指挥下，转入对外隐蔽行动。虽然军事谍报局也负责情报搜集与分析，向最高统帅部提供情报，但主要是为隐蔽行动创造条件。

德国人对一战的惨败记忆犹新，总想找机会报仇雪恨。在德国强大的间谍网面前，法国早就没有秘密可言。法国发出的大多数外交电报，就像发给德国政府一样，完全被德国政府所掌握。在寻找失败原因的过程中，德国政府认为保住德国秘密，组织大规模无线电侦察，夺取敌国的军事、政治、外交情报至关重要。德国外交部和最高统帅部所属的无线电侦察单位在对法国的情报工作中获得了重大进展，最高统帅部掌握了法国所有军事密码。

1938 年 2 月上旬，德国最高统帅部替代国防部。8 月下旬，费尔吉贝少将出任无线电通信主任，主持德军无线电通信系统的工作。负责无线电情报侦察的是密码处，克特勒担任处长。法军的保密工作在德军密码破译机构面前形同虚设，至 1940 年法国战败时止，德国破译了法国外交密码电报约 1.5 万份。凭借强大的情报优势，希特勒准确地掌握了法国的外交、政治等战略意图和动向情报。法国和英国害怕战争、奉行绥靖政策、祸水东引等都被希特勒了解得清清楚楚，及时修改了德国的外交对策，最终迫使英法签订了《慕尼黑协定》，取得了外交上的重大胜利。

1939 年，德波战争爆发后，法国国防部没有更换全新的密码体制，而是命令把仅在法意边境军区使用很久的密码作业本制广泛运用到其他各大军区。对大多数法军来说，他们正在使用新的密码，但德军早已掌握了这种密码。德国入侵法国前，德军已经把法军的情况掌握得一清二楚。德国入侵法国后，德军仍然掌握着法军的大量情报。法国战败投降后，法军仍未更改密码。法国军队内部的复杂性束缚了法军前进的步伐，以致法军总司令甘末林对每天发生的战事一知半解。当法军指挥官满足于他们拥有的电话网络时，德军已经可以有效地使用特别电话线路、电报传送系统和密码无线电系统了。德军指挥员习惯迅速收发情报，下达命令，而法国指挥员制订计划和执行计划均要耗费数日。

德国强大的谍报机构可谓希特勒最厉害的秘密武器。

# 第二章

# "镰割"计划

希特勒亲自召见曼施坦因，反复询问计划细节及坦克装甲车辆能否克服阿登天险。曼施坦因给出肯定的回答。不久，德军最高统帅部决定根据曼施坦因提出的计划部署兵力，同时废止"黄色方案"。

## ◎ 无助的北欧小国

1936 年 1 月，比利时政府提出延长义务兵役年限的议案，遭到广泛的反对。反对的意见不仅来自社会党，而且来自其他各政党。比利时各个阶层不想加强比利时的军力，担心这样做只会让法国在战争中获利。3 月 6 日，在征得法国同意后，比利时政府废除了 1920 年签订的《法比军事协定》。

3 月 7 日，希特勒派兵占领莱茵兰非军事区。德国的军事行动严重违反了《凡尔赛和约》，英法两国却没有表示反对，这让比利时很难再相信法国和英国。比利时政府认为，英国和法国已经没有力量对付德国了。

丘吉尔大声疾呼，德国违反了条约，将对荷兰、比利时和法国构成严重的威胁。丘吉尔向政府呼吁后，英国立即向法国提供了军事援助，以维持欧洲的稳定。

10 月 14 日，比利时国王利奥波德三世在一篇讲话中强调重新武装的必要性，一定要避免战争在比利时领土进行，比利时将拒绝结盟，奉行中立政策。为执行国王的命令并得到大多数比利时人支持的中立政策，比利时政府想方设法解除了《洛迦诺国际公约》中所应承担的义务。

10月，德国宣布虽然尊重比利时的领土完整，但在有德国卷入的军事冲突中，比利时不准支持任何针对德国的军事行动，坚决反对比利时允许法军或英军借道比利时进军。若比利时受到入侵，德国会给予支援。

比利时对英国关于建立反轴心国集团的为时已晚的计划态度冷淡。尽管英国抵抗德国的决心已经十分明显，不过比利时认为，英法两国面对侵略成性、武装到牙齿的德国，在军事上可以说毫无准备。

1936年，荷兰、比利时、卢森堡、芬兰和斯堪的纳维亚等国家发表声明，如果国际联盟强制维护集体安全的话，它们将不受国联的约束。荷兰的外交政策是：保持适当的武装，严守中立，不给任何国家侵犯的任何理由。

1937年4月29日，比利时发表声明，不允许任何国家的军队过境，如果事先得到比利时同意，由几个国际联盟的成员国联合过境，则不在此限。比利时认为，缔结军事联盟的时代结束了。比利时与法国进行的军事谈判中止了。

1938年1月，比利时再次发表声明，如果法军赴捷克斯洛伐克境内作战，比利时将不准法军过境。法国驻布鲁塞尔大使向比利时三个主要政党提出，如果比利时不准法军过境，法国将取消对比利时的保护。比利时虽然害怕惹恼英法两国，但是更怕纳粹德国，而且比利时还相信，英法美等民主国家将来一定会保护他们的。

9月15日，英国首相张伯伦赴慕尼黑访问，与希特勒商议苏台德问题。会晤中，希特勒要求苏台德独立，张伯伦竟同意了。在与法国沟通后，张伯伦回到英国。不久，张伯伦、法国总理达拉第派两国驻捷克的大使拜会捷克斯洛伐克总统贝奈斯，劝他允许苏台德独立。丘吉尔听说此事后，向报界发表演说："这是民主国家向纳粹德国的彻底屈服……"

9月28日，意大利总理墨索里尼邀请英法德三国领袖到慕尼黑开会。张伯伦欣喜若狂，认为终于可以避免战争了。29日，张伯伦飞抵慕尼黑。丘吉尔担心张伯伦会在会议上做出让步，因此他提议："由持反对意见的人士发表联合声明，敦促首相坚持立场。"然而，没有人支持丘吉尔。

1939年，英法两国公布了禁运货单，荷兰政府对此提出强烈抗议。荷兰抗议英国的"黑名单"，这份名单把荷兰归入敌人一类，并且英国宣布对荷兰强制执行联合抵制的办法，来惩罚荷兰同德国的合法贸易，抗议荷兰船只遭到英国的长期留难；抗议荷兰海员被英国海军带走；抗议荷兰邮件被截留。

3月，德国吞并捷克斯洛伐克。比利时受其影响，党派之争有所克制。捷克斯洛伐克的悲惨命运唤醒了比利时人，他们决心建立联合阵线。后来，比利时通过了一些议案，在财政和军事方面授予政府更多权力，并提供巨额资金加强武装力量。比利时政府还加强了对外宣传的控制力度，派人监视住在比利时的外国侨民。许多人以间谍罪被投入监狱。比利时还把储备的黄金运到伦敦和纽约，这些措施受到德国的谴责，认为比利时偏袒盟国，破坏中立。比利时人被禁止参加共同阵线反对德国，比利时政府决心要以完全中立的政策来避免战争。

6月8日，比利时首相皮埃洛特发表声明强调，比利时坚持中立政策。他认为，军事结盟带给比利时的好处不足以抵偿风险。

7月19日，法国总统勒布伦访问比利时。比利时利奥波德国王没有接受勒布伦的建议。此后几天，德国政府在外交上对比利时进行恐吓，使比利时公开表明中立的态度。比利时人一直认为中立的政策最有可能避免卷入一场新的世界大战。然而事实上，一旦发生新的世界大战，比利时不被卷入的可能性是非常小的。因此，直到比利时遭到入侵，仍然在向英法德等国呼吁，要求通过和平谈判解决争端。

9月1日，德国入侵波兰，荷兰当天发表中立声明，得到德国和英国的保证。英国直截了当地保证不会进攻荷兰，德国也向荷兰表示尊重其中立立场。

9月3日，比利时政府宣布严格遵守不偏不倚的中立。英法两国多次劝说比利时国王同意举行军事参谋人员会谈，以帮助比利时抵挡来自德军的入侵。英法两国重申，如果比利时不同意，一旦德军入侵，就无法给予快速有效的支援。比利时国王不愿意采纳英法两国的建议，他认为，这样做会危害中立。比利时国王不认为比利时即将受到攻击。另外，比利时驻柏林大使达维尼翁送来报告说，举行参谋人员会谈会让德国找到入侵比利时的借口。德国政府通过谍报机关，甚至因为盟国方面故意走漏风声，肯定能发现比利时正与盟国进行会谈活动。比利时政府认为，盟国急于想把他们绑上战车。

波兰灭亡后，德军主力开始向西线集结，在莱茵河左岸靠近比利时和荷兰的边境陈兵多达惊人的50个师。为了应付德军的强大威胁，比利时军队司令部征召更多后备人员，军队处于战时编制。比利时军队主力在波兰战争爆发时主要部署在东、西边境，此时主要调到靠近德国的东部边境。

另外，比利时军方加紧构筑防线，防务地段主要是安特卫普、列日、那慕尔和其他战略据点。各防守据点的工事尽量连接起来，用碉堡、铁丝网、铁路甚至引入洪水来增强防御力量。比利时决定在安特卫普、阿尔贝特运河、马斯河、列日和那慕尔一线构筑第一道防线，还决定在安特卫普、卢万、瓦弗和那慕尔一线构筑第二道防线。

## ◎ 夹缝中求生存

9月6日，德国政府向所有中立国，特别是比利时、荷兰和斯堪的纳维亚发表声明。声明说，中立国同其他国家的经济关系一旦损害德国的利益将被视为敌人。德国在海外的实力弱小，但在波罗的海地区控制力很强。在波罗的海，开往荷兰装运木材的船只经常被德国海军发难。

荷兰认为德波战争已经结束，苏联和德国将共同瓜分波兰，并且希特勒还提出了和平建议。这是许多荷兰人所期望的，但并不指望这个建议会被西方盟国接受。荷兰人得到消息说，德军大量集中在莱茵兰地区，德军很有可能发动西线攻势。不过，他们认为有固若金汤的马奇诺防线，没有必要害怕，只需少量部队便能抵御德军的攻势。

9月29日，比利时国王利奥波德决定在阿尔贝特运河设防，并向总司令部发出指示。利奥波德在拒绝英国要求举行参谋人员会谈的照会中指出，比利时已经做好了一切抵抗的准备，可以使盟军在必要时快速进入阵地。尽管利奥波德拒绝举行参谋人员会谈，但他却与法国人在口头上交换了情报。利奥波德渴望盟军能在安特卫普－列日一线进行支援，而法国只想在第二道防线给予支援。

法国要求比利时加快施工速度，表示只有建立第二道防线后才会给予支援。比利时政府先后颁布一批出口或过境转运的商品禁运清单，并派使者到英国、法国、德国和荷兰商讨贸易问题，特别是食品和原料的问题。比利时的进口物资有 21% 靠海上运输，很容易受到盟国的经济制裁。

比利时还派代表团到美国，希望得到美国政府的支持。其实早在 4 月份，比利时人就曾赴美做过努力，希望一旦发生战争，美国能向比利时供应粮食。美国政府认为，对于中立国家美国只能给予少量援助。

在 1939 年 10 月份之前，德军在靠近比利时和荷兰的边境集结了大量兵力，纳粹德国《人民观察家报》指责比利时投靠西方盟国，并指出比利时人屈服于英国和法国的经济封锁措施，污蔑德国飞机不断侵犯其领空。比利时政府接到驻柏林大使达维尼翁的报告，说德军即将对比利时有所动作。德国政府却说，德军在靠近比利时和荷兰的东部边境集结兵力是为了提高该地区的防御性力量，是被迫的，倒是法军在法、比边界集结大量兵力，其目的显然是用来进攻德国的。

10 月 6 日，希特勒在柏林国会大厦发表演讲，他说，德国旨在统治中欧，这是德国最后一次同西欧国家进行和谈。荷兰认为，希特勒的"和平攻势"不会有什么结果。因为希特勒没有做出任何让步，只是保证将建立一个新波兰。当时，德军已经在荷兰边境集结并警告比利时不要与荷兰结盟，同时警告荷兰不要与英国结盟。为了应对战争，荷兰投票通过 1 亿荷兰盾的防务拨款；加紧建造洪水区域内的工事；海牙的守军增加一倍；石油和糖进行配给制；大城市采取防空警报措施。

10 月 26 日，意大利政府发表声明，德国如果入侵比利时，意大利将感到非常遗憾。比利时亲西方盟国的举动，令德国对比利时的中立立场产生了怀疑。

10 月 27 日，比利时国王利奥波德发表广播演说，表示比利时一定会执行中立政策。

10 月 30 日，比利时向德国保证，比利时决不容许外国军队过境，除非是受邀而来。

11 月 4 日清晨，德国向比利时国王发出通告，德国最高统帅部确信，英法盟军将入侵比利时，而德国不愿让英法盟军先占领比利时，所以德军即将采取军事行动。只有比利时对英法盟军入侵行动进行干涉，才能挽救一切。比利时外交部认为，这样的干涉是没有道理的，只会招来英法盟国的怨恨。

11 月 6 日，荷兰女王威廉明娜致函比利时国王利奥波德，邀请他一同调停，以阻止战争爆发。荷兰人认为荷兰即将受到入侵。利奥波德立即与威廉明娜一起行动，在当天晚上由比利时外交部长斯巴克等人陪同来到海牙。国王和女王一直商谈到次日凌晨。

11 月 7 日，比利时与荷兰并没有就一旦荷兰遭到入侵或两国同时遭到入侵时相互支援一事做出任何决定。荷兰人仍然希望，他们的中立会受到尊重，他们不愿意参加参谋人员会谈，认为参加会谈可能引起德国人的误会，从而卷入战争。调停建议的文本终于确定下来，并递交德英法三国。比利时人希望文本保密，可是当晚就被荷兰人公布了，为此荷兰人受到比利时人的批评。

11 月 11 日，德国通知荷兰和比利时两国政府，建议收到，这令两国对德国再度抱有希望。

11 月 12 日，英法两国拒绝了荷兰和比利时的建议，随后德国政府拒绝继续考虑此事。但这两个中立国仍然继续努力调停。在以后的日子里，比利时政府曾经召回休假的军人，与盟军参谋总部建立了联系。虽然比利时不愿举行定期的参谋人员会谈，但可以和盟军交换军事情报，以便一旦需要，盟军能够及时支援比利时。

11 月 25 日，从丹麦首都哥本哈根传来的报告称，德国对企图穿越北海的中立国船只将不再给予特别照顾。然而，荷兰的船只必须出海。大多数荷兰人既恨英国，也恨德国。一家荷兰报纸说，英国造成的是金钱上的损失，而德国造成的是生命的损失，该报纸还提到了德国在一战时的残暴行径。

11 月 30 日，苏联入侵芬兰。芬兰向国际联盟求救。荷兰民众对于芬兰的遭遇十分同情，但是荷兰政府说，荷兰不会参加对苏联的任何制裁行动。荷兰政府是在担心德国与盟国之间的战事持续下去，最终只对苏联一个国家有好处。荷兰人不顾英军管制和德军潜水艇的袭击，艰难地运营着运输业。

11 月底，英国海军上将罗杰·凯斯会见了比利时国王利奥波德。凯斯认为德国打算以恐吓的手段迫使比利时向法英求援，从而为入侵找到借口。

12 月 11 日，比利时与英法两国达成战时贸易协定。其中有一类商品是经过加工后，根据盟国规定的条件再出口到交战国和中立国。英法要求比利时减少此类商品的出口，此事激起了德国的不满。为此，德国最高统帅部总参谋长凯特尔发布了《对第 8 号作战指令的补充》的指令。

国防军统帅部参谋长　柏林

国防处一组二科 1939 年 12 月 11 日

1939 年第 22231 号绝密文件

仅传达到军官


对第 8 号作战指令的补充

领袖命令，关于第 8 号作战指令第 4 条第 1 段作如下修改：

进攻发起的前夜，除潜艇部队外，还可动用水面舰艇部队，以实施对比利时和荷兰港口的封锁。不过，一定要遵循以下原则：避免引起两国的察觉，目的是不影响达成地面作战行动的突然性。鉴于此，应该像使用潜艇一样，尽量缩短从开始封锁到地面进攻发起之间的间隔时间。

如果事先能预测到会出现不利情况（如有明亮的月光），导致无法实施隐蔽封锁，也可不使用水面舰艇。

关于在进攻前的 23 时之前可能停止封锁行动的规定仍然有效。

关于地面进攻开始前不许出动战机的规定仍然有效。

（签字）凯特尔


德国最高统帅部对荷兰、比利时港口进行封锁的指令发出后，同时以中断煤的供应向比利时施加压力，英国也禁止了比利时的羊毛在该国销售。

12 月 19 日，比利时外交部长斯巴克在一次会议发言中说，要比利时表明倘若荷兰遭到进攻，比利时将采取何种态度，那是不可能的。不过比利时人明白，一旦荷兰遭到入侵，比利时也会跟着遭殃。因为盟军为了支援荷兰，必须取道比利时。

## ◎ 名将出场

12 月份的某一天，德国陆军将领曼施坦因针对"黄色方案"向最高统帅部国防处长瓦利蒙特将军提出一份新的"奥金莱克集团军"计划，也就是后来举世闻名的曼施坦因"镰割"计划。瓦利蒙特认为曼施坦因的计划非常有效，并及时向最高统帅部作战处长约德尔将军报告了此事。

曼施坦因，1887 年生于柏林的一个贵族家庭，与隆美尔和古德里安号称二战期间纳粹德国的三大名将。父亲莱温斯基曾经担任炮兵军长，军衔为炮兵上将，伯父是兴登堡元帅。曼施坦因因提出"曼施坦因计划"而名扬世界。德军根据这一冒险计划，结合"闪电战"，6 个星期内重创英法联军，吞并荷兰、比利时、法国等国。曼施坦因在苏德战争中也是连连得手，多次击溃苏军。

战争后期，尽管德军在苏德战场上接连溃败，但他的部队仍然多次反败为胜。他反对纳粹的屠杀政策，从不指挥和参与屠杀，使他赢得了世人的尊敬和客观评价。1945年5月，曼施坦因被英军逮捕。1949年8月，曼施坦因被判入狱18年。1952年，曼施坦因获释，1973年去世。

曼施坦因

德国陆军有制订作战计划的传统。陆军的作战计划往往很复杂，这是因为陆军的速度慢，陆地地形复杂，陆战时间长，其间充满了变数。陆军的作战计划就是多少陆军力量在何时从何地出发、于何时到达或占领何地。

曼施坦因认为进攻西欧的"黄色方案"一定要出奇制胜，如果德军的作战计划被盟军识破，那么其主攻方向必然成为盟军的重要防区，结果将会变成对盟军有利的持久战。对于即将进行的西线作战，曼施坦因将主攻方向定在阿登地区，因为阿登山区是最出其不意的地方。

阿登山区，中欧的战略要地，位于比利时境内，地处巴黎－布鲁塞尔－科隆三角地带，面积约 1 万平方公里，两千多年来一直是欧洲兵家必争之地。山区范围包括比利时和卢森堡的一部分以及法国的默兹河谷地。阿登山脉东北－西南走向，平均高度约 488 米，一半以上是森林，土地贫瘠。一战期间，阿登山区就是最激烈的战场。法国统帅部包括欧洲的军界却认为："这是一个不能进行大规模军事行动的地方。"于是，法军把最弱的一支部队科拉普的第九军团派驻此地，用以防御德军的进攻。第九军团武器装备落后，士兵大部分由预备役人员临时组成。

曼施坦因认为，德军应以强大的装甲部队穿越比利时和卢森堡，进攻色当，绕到马奇诺防线背后，将法国一分为二。为了计划能够切实可行，他还专门请教了装甲教父古德里安将军，证实了大规模装甲部队可以快速通过阿登山区。曼施坦因的意图是让德军装甲摩托化部队通过茂密崎岖的阿登山区，绕过法国坚固的马奇诺防线，迂回奇袭英法军队。法国阵地的弱点位于马奇诺防线的西北端，即马奇诺工事与联军机动地段的接合部，如果德军的装甲摩托化部队能够从阿登山区直插索姆河口，就可以合围英法的精锐部队。为了计划能够得到高层通过，曼施坦因还得到了他的上级龙德施泰特的鼎力支持，他同意在计划上签上自己的名字。

曼施坦因将"奥金莱克集团军"计划提交到陆军总部后，陆军总司令布劳希奇和参谋总长哈尔德认为这个计划太疯狂了，风险巨大。围绕"奥金莱克集团军"计划，曼施坦因与布劳希奇等人发生了激烈的争吵。1940 年的整个 1 月份，曼施坦因都在不断地要求上级采取"奥金莱克集团军"计划。

1 月 6 日，荷兰政府发出警告：任何国家入侵荷兰将遭到荷兰全力以赴的武装抵抗。

1月10日，德国统帅部下令由空降部队攻占比利时那慕尔以南马斯河上的两个渡口。

1月16日，德军在莱茵河以南靠近荷德边境的地方新增了几个师，在边境地区修筑公路。英国人认为，这是希特勒施放的烟幕弹。

1月20日，英国海军大臣丘吉尔发表了广播演说。他指出，中立的小国在战争中的处境是可悲的，境况会越来越糟。中立的小国一面向德国屈服，一面还讨好盟国。中立国唯一的出路就是依靠英法两国的护航。如果中立国同英法两国站在一起，处境将会大大改善。

丘吉尔的话彻底激怒了荷兰人。荷兰政府发表声明称：荷兰的事情不需要丘吉尔来管，荷兰将继续保持中立，丘吉尔只是想拉一些中立小国当炮灰。

1月25日，德国陆军总司令部召开作战会议。曼施坦因在会上严厉批评了陆军总司令部的方案。陆军总司令布劳希奇等高级军官们被曼施坦因的话激怒了，决定动手处理掉这个桀骜不驯的下属。27日，曼施坦因被派去指挥一支在波兰境内的部队，这种"明升暗降"让曼施坦因感到非常痛苦。

1月27日，最高统帅部总参谋长凯特尔受希特勒委托，在希特勒1939年12月14日下达的准备进攻挪威和丹麦的命令基础上，又下了一个命令，其主要内容如下：

领袖和武装力量最高统帅希望"N"计划在他亲自监督下，紧密联系战争总计划加以制订。鉴于此，领袖委托我领导今后的准备工作。为此，最高统帅部设立了一个工作参谋部，它同时又是负责指挥这一战役的未来参谋部的核心。今后，战役计划的全部制订工作在"威悉河演习"代号下进行。

　　凯特尔下发的这一命令具有很大的原则性，这种意义远远超出了计划中的这一战役的范围。它与勃洛姆贝格任国防部长、弗里奇任陆军总司令时开始产生的分歧有关。

　　当时，无论是弗里奇还是他的继任者布劳希奇及总参谋长贝克及以后的哈尔德，都认为陆军在任何未来战争中理所当然要起十分重要的作用，他们希望陆军对战争进程产生决定性影响。德国武装力量最高统帅部应该由领导全部战役的人员组成，机构尽可能小。最高统帅部作为国防部的机关，只应在总体上制订战略展开计划和未来各次战役的计划。因此，他们坚决反对扩大最高统帅部的权力，力图根据陆军的发展情况，扩大陆军总参谋部这一作战和组织机构，极力阻挠属于最高统帅部系统的某种军队指挥机构在陆军中出现。

　　陆军总参谋部之所以发生争论，是为了防止权力落入凯特尔这样的忠实于希特勒的军事顾问们手中，因为这些人对希特勒的战争计划可能会表现出危险的毫无原则的支持态度。以前的战役计划和指挥都由陆军总司令部实施，希特勒不会太大干预，最多是积极参与制订准备措施。如今，涉及挪威和丹麦的命令又挑起了这个争论，并以有利于最高统帅部的方式解决，其结果是使最高统帅机构发生了危险的双重发号施令现象，甚至完全剥夺了陆军总司令部的指挥权。最高指挥机构编制中的这种混乱现象，甚至影响到下级机关。现在，凯特尔的这个命令为希特勒确立在军队中的统帅地位铺平了道路，并保证了其将来下达的命令畅通无阻。

曼施坦因始终对自己的计划充满信心，并分别于 2 月 7 日和 14 日组织了两次"沙盘作战"，结果表明要通过阿登发动一场进攻在现实中是可行的。

## ◎ 曼施坦因计划

2月17日，希特勒在帝国总理府召开高级将领会议。曼施坦因应邀谈了自己的看法，他说，这次行动应分北、中、南三路。南路守卫莱茵河防线，牵制法军部队；北路向比利时、荷兰境内佯攻，把几百万英法军队诱入比、荷境内；主要兵力集中在中路，越过阿登地区，直插法国北部海岸线，包围进入比、荷境内的几百万英法军队，切断其与法国的军事补给线。曼施坦因的观点受到了希特勒的赞扬。不过，希特勒没有采纳，只是把它作为预案。

会后，希特勒亲自召见曼施坦因，反复询问计划细节及坦克装甲车辆能否克服阿登天险。曼施坦因给出肯定的回答。不久，德军最高统帅部决定根据曼施坦因提出的计划方案部署兵力，同时废止"黄色方案"。

经过修改后的曼施坦因计划战役构想是：德军主力跨越阿登山区，进攻荷兰、比利时、卢森堡和法国北部，然后，再从西、北两个方向进攻巴黎。部署于法国精心构筑的马奇诺防线正面的德军则组织佯攻，牵制正面之敌，等主力攻占巴黎，并推进至该防线侧后时，再发起进攻，从而与主力前后夹击，歼灭正面战场的法军。

曼施坦因计划要求使用大量精编的 B 集团军群进攻比利时和荷兰，目的是吸引英法联军进驻比利时作战。C 集团军群在马奇诺防线担任正面佯攻。重点是从阿登山脉绕过马奇诺防线夺取索姆河。首先，德军空降部队在鹿特丹降落，抢占机场。同时，空降部队占领比利时阿尔贝特运河上的桥梁，攻占埃本·埃马尔要塞。随后，空军夺取比利时、荷兰和法国的制空权，最终将盟军飞机歼灭。之后，B 集团军群主力大举推进，吸引英法军队进入比利时。与此同时，C 集团军群在法国马奇诺防线正面发动佯攻，防止法军攻占德国本土。战斗力最强悍的 A 集团军群负责主攻，由 7 个装甲师和 3 个摩托化师快速穿越阿登山脉，绕过马奇诺防线，直插索姆河，将法国一分为二。

2 月 24 日，德国最高统帅部采纳了曼施坦因的计划。

3 月 1 日，希特勒签发《关于威悉河演习方案的指令》。这一次，希特勒仍然故技重演，以武力保护北方国家中立地位为借口，名义上进行威悉河演习，其实是派兵将其占领。


领袖兼国防军最高司令　柏林

国防军指挥局／国防处 1940 年 3 月 1 日

1940 年第 22070 号绝密文件

仅传达到军官

## 关于威悉河演习方案的指令

一、根据目前斯堪的纳维亚半岛局势的发展，我们务必做好以国防军部分兵力占领丹麦和挪威的一切准备工作。这样做的目的是防止英军入侵斯堪的纳维亚半岛和波罗的海，保护我们在瑞典的矿石基地，扩大海军和空军进攻英国的出发地区。

我们的海军和空军应在现有条件允许的范围内阻止英国海军和空军进行干预，保障我们行动的安全。

鉴于与北方国家相比我们在政治、军事上所处的优势地位，用于遂行威悉河演习方案的兵力不宜太多。兵力的不足，可以果敢行动和出其不意加以弥补。

力争这次旨在以武力保护北方国家中立地位的行动具有和平占领的性质，具体要求将在行动开始时递交给相关国家的政府。如果有必要，可以展示一下我们海军和空军的力量，以对其形成一定的威慑。如果遇到抵抗，则可使用一切手段予以解决。

二、授权第二十一步兵军军长冯·法尔肯霍斯特步兵上将（"第二十一集群"司令）负责准备并指挥对丹麦和挪威的行动。冯·法尔肯霍斯特在指挥关系上直接隶属于我。

参谋部必须得到人员补充，补充人员可以从国防军三个军种中抽调。

用于遂行威悉河演习方案的兵力，将另行规定。

海军的舰艇部队和空军投入的兵力归海军总司令或空军总司令指挥。海空军部队行动的时候，一定要与第二十一集群司令进行密切协商。

空军1个侦察机中队和2个具有越野能力的摩托化高射炮兵营不受

上述规定的限制，其直接隶属于第二十一集群，直到占领丹麦为止。

第二十一集群的部队的后勤补给由国防军各军种根据该集群司令的要求予以有力保障。

三、越过丹麦国界和在挪威登陆务必同时进行。一定要尽全力以最快的时间做好准备。一旦敌人抢先对挪威采取行动，即刻将我们的反措施付诸实施。

特别提醒注意的是，我们的行动尽可能让北方国家和西方对手均感到出乎意料。各项准备工作，特别是确定舰船和部队的集结方式、给部队介绍情况和部队上船的工作，均要考虑到这一点。如果上船准备工作已不能保住秘密，那么对指挥官和部队可假称去进攻其他目标。切记，只有在离港后，才能让部队知道此行的真正目的。

四、占领丹麦（即"南威悉河演习"）

第二十一集群的任务是：以闪电般的速度出敌不意占领日德兰半岛和菲英岛，进而占领西兰岛。此外，在最重要的支撑点有安全保障的情况下，尽快推进到斯卡根和菲英岛的东部海岸；必须先占领西兰岛上若干个支撑点，作为将来行动的基地。

海军务必保证尼堡－科尔塞之间交通线的畅通，为迅速占领小贝尔特桥以及在必要时为实施登陆提供必要的掩护。另外，一定要做好海岸防御的准备工作。

空军航空兵部队的主要任务是展示实力及空投传单，确保能利用丹麦的地面设施实施对空防御。

五、占领挪威（即"北威悉河演习"）

第二十一集群的任务是：通过海上实施空降，出其不意占领最重要的海岸地段。登陆部队和随后向奥斯陆增调的兵力，其海运工作由海军负全责。

务必做好快速构筑挪威海岸防御工事的准备工作。

占领成功后，空军负责对空防御，并利用挪威的基地对英国实施空中战争。

六、第二十一集群应及时向国防军统帅部呈报准备工作进展情况并呈递一份关于准备工作进程的时间表；确定从下达关于威悉河演习方案的命令到开始行动所需的最少时间；报告预定的指挥所位置。

（签字）阿道夫·希特勒

3月3日，德国政府发表声明，称任何中立国的船只一旦接受英国禁运管制条件，就会被击沉。

3月中旬，希特勒同意了曼施坦因计划。由于德军在挪威的军事行动，延误了曼施坦因计划的执行。经过多次军事演习后，最后决定担任突击的古德里安第十九装甲军和莱因哈特的第四十一装甲军组成装甲集群，由克莱斯特将军统一指挥。第十九装甲军主攻安德内斯，霍特的第十五装甲军担任辅攻。

曼施坦因计划确定不久，希特勒即下达了一道密令：要求各部队抓紧备战工作，务必在5月5日前完成进攻的一切准备工作。

德军从北海至瑞士一线共集结了136个师，其中10个装甲师和6个摩托化师，坦克3000余辆，飞机4500余架。具体兵力部署如下：

A集团军群：由龙德施泰特指挥，担负主攻任务，辖第四、十二和十六集团军，共 44 个师，其中包括 7 个装甲师和 3 个摩托化师，第三航空队负责空中支援，在亚琛至摩泽尔河一线展开，翻越阿登山区，向英吉利海峡沿岸地区实施闪电突击，分割法国北部和比利时境内的英法军队。

B 集团军群：由博克指挥，辖第六和第十八集团军，共 28 个师，其中包括 3 个装甲师和 1 个摩托化师，第二航空队负责空中支援，部署在荷兰、比利时国境至亚琛一线，作为右翼，突破荷兰边境防线，占领荷兰全境和比利时北部，然后向法国推进。

C 集团军群：由莱布指挥，辖第一和第七集团军，共 17 个师，其中包括 1 个摩托化师，位于马奇诺防线的正面，负责佯攻，牵制法军。

另外，德军还在莱茵河地区部署了 47 个师，其中包括 1 个摩托化师作为预备队。20 个师作为各集团军群的预备队，听命于各集团军群的调遣，其余 27 个师则作为总预备队，由德军最高统帅部直接指挥。

# ◎ 演习成占领

在希特勒和他的将领们抛弃"黄色方案"启用"曼施坦因计划"的时候，英法等盟国仍在研究缴获来的"黄色方案"残本。盟军参谋经过一番研究，制定了战略防御方案 B 计划。B 计划认为当德军发动进攻后，法军第一、第七集团军和英国远征军迅速进入比利时，抢占安特卫普到那慕尔一线，协助比利时军队防守。同时，法军第九集团军坚守马斯河沿岸，布防在那慕尔至法国边境一带。

后来，B 计划做了一些变化，也就是后来的"布雷达变体"：法军第七集团军在左翼进驻荷兰南部布雷达地区，与英法盟军、比利时军队连成一体。法军第二集团军在南面坚守马奇诺防线。另外，5 个法国师驻守在阿登山区。英法盟军认为阿登山脉是无法逾越的，于是阿登山区的法国部队没有装备反坦克武器，更缺少防空武器。

3 月 12 日，法国陆军总司令兼盟军司令甘末林批准了"布雷达变体"，法军的 30 个师（包括少量英国军队）开进比利时和荷兰，准备在比利时和荷兰境内对抗德军，这无疑分散了法军的兵力。法国的大部队被甘末林安排在马奇诺防线参与防守，在马奇诺防线后面驻有 30 个师。这样一来，法国的战略预备队就只有 10 个师了，一旦德军突破法军防线，这 10 个师中只有 1 个装甲师能够抵挡一阵。

法国空军的阿蒙高德将军曾预测，德军在 48 小时之内就会在法军的防御工事上撕开一个缺口，然后机械化部队将会迅速跟进，并迅速扩大缺口。与此同时，德国其他装甲部队在空军的掩护下将长驱直入，到时候，法国就完全丧失了调遣和防御的能力。阿蒙高德将报告提交给甘末林，没想到甘末林却降了阿蒙高德的职。

法军戴高乐上校在呈给上级的备忘录中写道："一旦马奇诺防线被突破或者被包围，人们将会看到坦克、摩托化步兵、炮兵和航空兵联合作战的巨大威力。单就数量而言，法军坦克数量略多于德军的坦克数量，但法军的坦克分散在步兵部队中，面对德国军队，法军的命运可想而知。"

与野心勃勃的德军相比，英法荷比盟国部队的数量也不容小觑，其中包括法军 94 个师、英国远征军 9 个师、荷兰军 10 个师、比利时军 22 个师（其中 3 个装甲师和 3 个摩托化师），坦克 3000 余辆。欧洲大陆上有飞机 1399 架，英国本土还有 1000 余架飞机可供随时调用。

盟国部队的具体兵力部署如下：

第一集团军群：辖法军第一、二、九集团军和英国远征军，共 51 个师，部署在法比边境和法国北部。

第二集团军群：辖法军第三、四、五集团军，共 25 个师，部署在马奇诺防线正面。

第三集团军群：辖第六、八集团军，共 18 个师，部署在马奇诺防线后面。

法军的第十集团军部署在法国与意大利边境。

另外，9 个师作为战略预备队。

3 月 30 日，丘吉尔再次发表广播演说："欧洲一些中立小国正被迫向德国提供物资，这种做法会延迟战争的结束时间，从而造成严重的后果。"他对那些不幸与德国相邻的中立小国十分同情，认为这些小国不应该帮助德国。

4 月 2 日，希特勒授权凯特尔发布了《关于"威悉河演习"的补充指示》。


领袖兼国防军最高司令　柏林

国防军统帅部／国防军指挥局／国防处 1940 年 4 月 2 日

1940 年第 22128 号绝密文件

仅传达到军官


关于威悉河演习的补充指示

领袖兼国防军最高司令下令举行威悉河演习，并做出指示，对即将展开的行动进行保密具有非常重要的意义。

"威悉河日"是 1940 年 4 月 9 日。

"威悉河时间"是 5 时 15 分。

受托者：（签字）凯特尔


4 月 9 日 5 时 15 分，德军按照最高统帅部的指示开始进攻丹麦和挪威，当天即占领了丹麦全境。挪威的战略要地也很快被德军拿下，在英法盟军的帮助下，支撑到 6 月 10 日，不得不宣告投降。

德军统帅部认为进攻西线的时机已经成熟，准备于 5 月初开始实施进攻计划。此时，布鲁塞尔和海牙接到一个万分危急的战争警报：希特勒已定于 5 月 10 日拂晓对西线发动进攻。然而，这个时候的英国首相张伯伦仍旧沉浸在"西线无战事"的美梦中，对这个消息不屑一顾，结果让几百万德军赢得了在北路集结的时间。

# 第三章

## 闪击，更猛烈的闪击

从中午激战到傍晚，德军登陆点上空双方战斗机上下翻飞，拼命厮杀。德军高射炮群不断以猛烈火力射击英法飞机。英法飞机一批批地发动自杀式袭击，结果被密集的高射炮火力吞噬。夜幕降临，伤亡惨重的少量英法飞机逃走，德军取得了胜利。

# ◎ "镰割" 付诸行动

古今中外，但凡制订作战计划均以假设条件为基础，若预想的假设不成立，那么该作战计划必败无疑。

英法等盟国的作战计划 "布雷达变体" 有两个假设条件：第一个假设条件是阿登山脉是无法翻越的，第二个假设条件是马奇诺防线是牢不可破的。而德军的 "曼施坦因计划" 有三个假设条件：第一个假设条件是装甲部队能够通过阿登山脉，第二个假设条件是英法等国盟军在阿登山脉的兵力很少，第三个假设条件是英法等国盟军会进入比利时。

结果是，"曼施坦因计划" 获得了完美的成功，德军不但通过了阿登山脉，还绕过了马奇诺防线。战役的第一个阶段，法军就损失了 30 个师。事实证明，"曼施坦因计划" 的三个假设条件全部成立，而 "布雷达变体" 仅有的两个假设一个都不成立。即使德军不采用闪击战术，英法盟军依然会战败，区别仅仅是战败的时间长短不同罢了。

1940 年，希特勒的战刀开始挥向荷兰、比利时和法国。

4 月 9 日，英法等盟国召开最高作战会议。英法两国一致同意其军队预防性地进入比利时。大战迫在眉睫，比利时仍然抱着幻想，认为战争能够避免。同时，比利时还认为一旦遭到入侵，能够说服盟军一直推进到阿尔贝特运河。很多比利时人认为，德国入侵前就让盟军进驻，会使国家分裂。次日，比利时政府对外发出通告，重申了独立和中立政策，特别强调了中立政策。

4 月 9 日，德军突然入侵丹麦和挪威。荷兰内阁立即召开会议，宣布停止一切军队休假。荷兰对外宣布，这不是因为荷兰害怕，而是表示有决心捍卫领土。荷兰报纸说，荷兰人民已经做好了应付任何变故的准备，无需任何担忧。驻守在荷兰边境和在海防工事内的荷兰官兵，正严阵以待。没有人怀疑荷兰政府的决心，任何敌军都会发现荷兰不好对付。

4 月 12 日，荷兰报纸刊登反对散布谣言和从事投机商业的警告，同时告诫国家社会党人不要采取激进行动。

4 月 15 日，荷兰政府发表声明：荷兰人不会相信交战双方散布的战争谣言。当时，卖国贼在挪威所起的作用是荷兰人的主要话题，人们都怀疑身边的失败主义者可能是卖国贼。

4 月 19 日，荷兰全面戒严，实行军管制度。荷兰军队总司令德·格尔号召民众保持信心，要求人们"任凭波涛汹涌，依然镇定自若"。荷兰不会与任何一个交战国举行任何秘密会谈。同一天，比利时颁布了管理外国人的条例，其中包括防止外国人秘密潜入，将外侨分为几类，有的将被拘留或驱逐。已经有几千外侨被拘留，一批拘留营正在建设中。

4 月 27 日起，荷兰军队总司令格尔宣布暂停出版自由，对所有报纸严格检查。荷兰人不知道全面的军事管制将达到什么程度，但他们认为军事管制措施会有节制的。

4月底，各种迹象表明德军在西线的进攻就要开始了。比利时政府发现，许多德侨正在把财产转移到瑞士。从驻柏林大使及罗马教皇的使节那里，比利时都得到德国即将入侵的消息。

5月4日，荷兰秘密报告，说几天内德军会侵略荷兰。第二天，这一报告就得到了证实，但对德军进攻的准确日期无法进一步证实。荷兰没有将报告转告英法两国，担心被德国间谍截获，担心德国指责荷兰不遵守中立。荷兰政府认为，英法两国即使收到报告，也不会向荷兰提供帮助。

5月7日，军队的休假再次被取消，正在休假的官兵被召回部队。不过官兵们早已习以为常，因为在前几个月内经常被召回部队，因此，官兵们回到部队后十分镇定，尽管报纸上充满了令人担忧的战争新闻。紧张的情绪进一步放松，这是因为英国外交大臣的讲话，他说英法军队已经从挪威撤军了，英法两国的军舰正向地中海调动，似乎欧洲西北部会安定一段日子。此时，荷兰已经建立了一支50万人的部队。

5月8日，比利时驻柏林大使向比利时外交部报告，说德军统帅部已向部队下达了进攻命令。

5月9日，德军最高统帅部总参谋长凯特尔下达了进攻西线的命令："领袖兼国防军最高司令决定：5月10日5时45分发起进攻，进攻的代号为'但泽'或'奥格斯堡'。"这标志着德军的曼施坦因著名的"镰割"计划即将付诸行动。

像闪击波兰一样，希特勒依然为自己找了个冠冕堂皇的侵略借口。

# ◎ 荷兰在抗争

5月9日，德国驻比利时大使烧毁相关文件。21时，比利时驻柏林大使向本国报告称10日清晨德军将发动进攻。当夜，在首都值夜的官员们不断接到报告，德军正向荷兰和比利时边界进发，大批飞机出现在荷兰上空。实际情况是，德国派出飞机对本国的一座大学城弗赖堡进行空袭，一所女子寄宿中学和一所医院被炸毁，死伤数百人。德军诬陷这次袭击为比利时和荷兰空军所为。

5月10日拂晓，晨雾蒙蒙，德军开始发动闪电进攻。德军136个训练有素的精锐师参与行动，先头部队是3个装甲军和3个摩托化师，大量的重型轰炸机、俯冲轰炸机、战斗机、大型运输机以及满载突击队的滑翔机紧随其后。由于与斯大林签订了和约，德国只留下少量部队警戒与苏联接壤的边境。

疯狂的德军同时向法国、比利时和荷兰国境线猛扑过来。从瑞士边境到北海岸边800公里的西方战线上，空前规模的闪击开始了。

德军 B 集团军群首先投入空降部队对荷兰和比利时的一些桥梁和要塞实施偷袭，而这些空降部队中竟然有大量意大利官兵。空袭造成了荷兰军队的巨大恐慌。随后，德军 B 集团军群的装甲部队快速推进。德军空降部队快速占领各要道。

B 集团军群进展异常神速。仓皇应战的荷兰军队用尽各种方法抵抗，他们砍倒大树当路障，延缓德军机械化部队的速度。荷兰军队一边撤退，一边捣毁了大多数运河上的桥梁和交通设施，还在莫登附近炸毁了油轮，封死该段航道，防止德国海军的偷袭。然而，荷兰军队的力量无法抵挡强大德军的攻势，他们的装备太陈旧了。

荷兰将德军入侵的消息立即用电话传到伦敦和巴黎。长期以来荷兰拒绝英法的军事援助，拒绝与其他国家举行军事方面的谈判，这个时候被迫向英法两国寻求援助，英法两国立刻同意，于是荷兰投入盟国的怀抱。法军第七集团军从英吉利海峡赶往荷兰。

德军向荷兰的瓦尔港、海牙、阿姆斯特丹、希尔维萨姆等地发动大规模空袭。在袭击海牙兵营时，约 800 名士兵被炸死。空中打击一直持续到空降部队的运输机进入空降地区上空。4 时，第一批空降突击部队的运输机自德国起飞。5 时 30 分，第十八集团军进攻哥雷比 - 皮尔防线。在海牙，德军第七空降师第二团第一营搭乘 65 架容克 -52 运输机，通过哥雷比 - 皮尔防线飞向海岸，飞行高度为 30 米。当来到海牙以西区域时，飞机爬升到 180 米，分成 3 队，飞向瓦尔肯堡、奥肯堡、伊彭堡 3 座机场。

就在德军轰炸机群向后转弯返航时，容克 -52 运输机的伞兵降落在机场跑道上，与荷军机场警卫队展开激战。7 时 30 分左右，德军伞兵占领了 3 座机场。当德军第一批空降部队的 100 架飞机运载 2 个步兵营到达瓦尔肯堡和伊彭堡机场着陆时，荷军正准备对这 3 座机场发动反攻。伊彭堡附近的高射炮火力很猛，运载空降兵的德军运输机有 12 架被击落。有的飞机迫降，幸存的士兵与荷军展开激战。

空袭荷兰

下午，荷军出动 6 个步兵营、1 个炮兵旅、1 个炮兵团进攻 3 座机场，荷军士气大振，向德军发起猛烈攻击。在瓦尔肯堡，荷兰第四步兵旅的 3 个营，在 1 个炮兵团的支援下，向机场上的德军伞兵和步兵发动进攻，把德军赶出机场。德军空降部队第二批运输机到达瓦尔肯堡机场上空时，地面的战斗使飞行员不敢着陆。机场上到处是被击毁的第一批运输机。机群只好飞向海岸，在卡特威吉克附近的海滩上迫降。海滩土质松软，先着陆的 14 架飞机中有 7 架无法起飞，着陆场一片混乱。空中的其他飞机在海牙公路上找地方迫降。整个编队围绕海牙市盘旋飞行，最后在德尔夫特至鹿特丹的公路上降落。这段公路上，有很多障碍物，降落的 30 架容克 –52 运输机中，有几架损坏严重，一些飞行员和大量伞兵在降落时丧生。荷兰步兵第四旅第二营进攻困在卡特威吉克附近海滩上的 7 架飞机和伞兵，将德军伞兵赶出着陆场。

第一批在瓦尔肯堡机场空降的德军，退守瓦尔肯堡村庄。荷军炮兵轰击了一个下午，德军拼命死守，抵抗荷军的进攻。在奥肯堡和伊彭堡，荷军近卫旅第一营在 1 个炮兵旅的支援下向奥肯堡机场发起反击。德军伞兵 1 个连逃出机场，向西南方向撤退。

16 时，德军第三批运载预备队和补给物资的运输机来到海牙上空，它们在海牙上空盘旋。司徒登特命令第三批飞机在德军已经占领的鹿特丹南面的瓦尔港机场降落。17 时到 18 时，第三批飞机相继在瓦尔港机场降落。

荷兰海军的防空炮火十分猛烈，3 个机场的跑道上到处都是运输机的残骸。海牙周围到处是被迫降落的运输机和德军空降兵，大部分人被分割包围。由于兵力太弱，德军空降部队无力向市区进攻。傍晚，逃出包围圈的德军空降部队放弃原来的计划，向鹿特丹北部进发。海牙的德军空降部队在荷军的进攻下大部分被消灭，1500 人被俘，运输机损失惨重。

在鹿特丹方面，从凌晨 3 时起刺耳的空袭警报声就响彻街头和港口。一些荷军步兵躲进机场的战壕和地道中。2 个预备连的士兵正在机库的临时宿舍里睡觉。无数颗炸弹从天而降，落在机场边缘的战壕里和高炮阵地上。机库顷刻便倒塌，很多士兵被砸死。瓦尔港机场的主要防卫力量被消灭了。很快，德军第一特殊任务轰炸航空兵团第三大队的运输机运载着伞兵第一团第三营和第二营的 1 个连，于 17 时进入鹿特丹南部。伞兵们在空中飘了 15 至 20 秒钟后降临地面。这时，少量躲进战壕和地道中的荷军发现了德军伞兵。双方激烈交战，荷军的防空炮火开始打得很猛。1 架载着伞兵的运输机在大火熊熊的机库上空空降，降落伞见火就着，许多伞兵被摔死。经过约 1 小时的激战，德军伞兵占领了瓦尔港机场。

德军第十六机降步兵团开始机降，1 个运输机中队在机场上空突然遭到小口径高射炮的攻击，1 架运输机起火，不过仍然安全着陆，2 个排的德军士兵从里边跳了出来。接着，运输机陆续在机场着陆。运输机发动机的巨大轰鸣声、荷军机库弹药的爆炸声和枪炮的爆炸声交织在一起。

德军在机降的时候，荷兰海军的几艘小舰艇向机降部队驶来，被德军轰炸机赶走。荷军步兵第三营在炮兵的火力支援下，也在进行反攻。这时，荷军突然发射了绿色信号弹。这是荷军停止炮火射击的信号，因此荷军停止了炮击。机场的荷兰守军失去了炮火支援，举起双手成为俘虏。这时，德军运输机仍然继续着陆，德军终于控制了瓦尔港机场。

## ◎ 要塞难守

5 月 10 日 6 时，德国外交部长里宾特洛甫向荷兰驻柏林公使递交了一份备忘录。7 时，宣传部长戈培尔发表广播声明，随后德国驻海牙公使冯·策希向荷兰递交备忘录。另外，里宾特洛甫还向各国报馆发布声明。

希特勒为进攻荷兰、比利时辩解的主要理由是：盟国想要扩大战争，占领斯堪的纳维亚的计划失败了；德国已经证实，英法两国准备借道比利时入侵德国；德国本来十分尊重荷兰和比利时的中立，但荷兰和比利时不守中立；两国的报纸对德国怀有敌意，两国领导人在公开场合发言时同样如此；两国曾帮助过英国保密局，企图引起德国革命并推翻元首；两国只在东部边界设防，显然是针对德国；荷兰对英国飞机每天侵犯其领空没有采取任何措施；等等。

同一天，法国政坛发生了大地震。法国总理雷诺抓住德国开战的机会改组了政府。他利用这个机会解除一些内阁成员的职务，组织了一个新内阁。雷诺任命路易·马兰和伊巴内加雷为国务部长，并通过无线电广播宣布："这是一个聚首一堂的时刻。"

也是在这一天，荷兰首都阿姆斯特丹的斯希普霍尔机场向所有的外国飞机（实际上是针对德国飞机）关闭。荷兰和比利时驻柏林公使想把抗议入侵的照会交给德国外交部，结果遭到拒绝。荷兰女王威廉明娜发表声明，对这一史无前例的背信弃义行为提出严正抗议。

5月10日8时30分，德国大使向比利时递交了一份照会，声称为了先发制人，德国"被迫"用武力来保证比利时的中立。比利时如果停止一切抵抗，德国将保证其在欧洲和在殖民地的领土完整。比利时如果继续抵抗，将会丧失主权。比利时外交部长斯巴克说，面对德国赤裸裸的侵略，比利时一定会抵抗到底。当天，利奥波德国王宣布他已成为总司令，同时指出，盟军正在日夜兼程赶往比利时。比利时人有一个引以为豪的军事要塞——埃本·埃马尔要塞。

埃本·埃马尔要塞位于荷兰与比利时交界处，马斯特里赫特城和维斯城中间。埃本·埃马尔要塞的东北和西北面是几乎垂直的悬崖峭壁，悬崖下是阿尔贝特河；要塞南面设置了很深的反坦克壕沟和7米高的防护墙，并设有许多障碍物；要塞东面是马斯河与阿尔贝特运河，河上的桥梁都在火炮射程之内。北面还有一条长壕，随时可以引入河水。整个要塞南北长900米，东西宽700米，所有工事修筑在小山的岩石上，没有任何建筑物，长满了杂草，很难被发现。要塞配备了旋转式装甲炮台、高射炮阵地、重机枪阵地等，各部分由45公里长的地下坑道连接起来，每一个通入要塞的坑道都能有效地阻击敌人。在要塞顶端有可自动伸缩的4座暗炮塔，塔上装备了18门射程为16公里的火炮，6门高射炮，12门反坦克炮，37挺机枪。另外，壕沟边还建有许多掩体、地堡、掩蔽壕，配置各种类型的武器。

比利时第七步兵师的 1200 名士兵驻守整个要塞，这里是欧洲最重要的防御阵地。这些士兵在乔特德兰少校指挥下，躲在地下 25 米深的工事中，要塞存有大量淡水、食品和弹药，可以长期坚守。阿尔贝特运河上的坎尼桥、弗罗恩哈芬桥和费尔德韦自尔特桥，每座桥均由 1 名军官和 12 名士兵驻守，拥有 1 门反坦克炮和机枪等武器。大桥附近 600 米范围内筑有地堡，附近驻有部队，可以快速增援。另外，3 座桥墩上还装有炸药，可以用电子引爆。即使 3 座大桥失陷，埃本·埃马尔要塞的火力也能给予敌军重创。

在盟军看来，这是“一夫当关，万夫莫开”的天险。要塞背后是比利时平原，关系到比利时的安危。阿尔贝特运河防线从北向南长达数百公里，护卫着整个比利时，具有重要的战略意义。比利时在这条防线部署了 12 个师，占比军总兵力的二分之一。这个可与马奇诺防线相媲美的埃本·埃马尔要塞固若金汤，号称比利时的“大门”、运河的铁锁。

德军统帅部早就想占领埃本·埃马尔要塞。1939 年年初，德军得到了要塞内部的设计图，根据情报人员的报告，熟悉了要塞的情况。德国占领波兰后，希特勒问他的军官们：“你们说说，哪里是欧洲最坚固的防线？”他一向看不起循规蹈矩的军官。在指定进攻波兰的方案时，这些军官就持反对意见。结果怎么样？仅 27 天波兰就灭亡了。面对这样的奇迹，希特勒的威望空前高涨。他说：“是比利时的阿尔贝特运河上的埃本·埃马尔要塞！马奇诺我们能够绕开，但我们绕不开埃本·埃马尔！”

对付这个要塞，希特勒早已成竹在胸。1939 年秋，德军仿造了两个埃本·埃马尔要塞，一个在格拉芬弗尔军事训练基地，另一个在西尔德斯姆空军基地。希特勒对埃本·埃马尔要塞十分重视，采纳了一个女飞行员的方案。这个飞行员就是汉娜·莱契，德国著名的女滑翔机飞行员，她提出了一个出动滑翔机运输部队突袭的方案。当时，德国空军非常强大，拥有世界上最先进的容克－52运输机和DF－230式滑翔机。容克－52运输机安全可靠，能够搭载20名伞兵和2吨货物，航程1880公里。

1940年5月10日凌晨，41架容克－52牵引着DF－230式滑翔机，自科隆的厄斯特哈姆和布兹威勒机场起飞。在巨大的轰鸣声中，一架架运输机冲出机场，消失在夜空中。几分钟后，所有的容克－52飞机在上空会合，同时向西飞去。7时，德军突击队第二梯队赶来，300名伞兵从天而降。为了欺骗敌人，德军同时在阿尔贝特运河西部的广大地区投放伞兵模型，装有自动点火装置，以取得到处是枪声的效果，比利时军队误以为腹背受敌。8时，比利时军队第一榴弹炮兵团赶到埃本·埃马尔要塞北面，炮击德军突击队员。很快，德军轰炸机的猛烈攻击赶走了第一榴弹炮兵团。随后，比军第七师的1个步兵营向要塞扑来，又被斯图卡轰炸机击退。比利时的援军根本无法靠近要塞。

神兵天降

9时，德军空投大量炸药箱。德军突击队员不断进行爆破，企图炸开要塞。他们甚至从断崖把炸药吊下去，进行爆破。然而，这一切毫无作用，要塞里的比利时守军仍然不断向外射击。

黄昏时分，由于德军突击队摧毁了要塞的炮台，德军地面部队得以渡过马斯河，来到阿尔贝特运河，接管了桥梁。傍晚，德军派出一个带有大量炸药的加强工兵营赶来。这个加强工兵营是一支特种部队，他们想从要塞前渡河，突然遭到一暗炮台的袭击。夜里，加强工兵营出动一个50人的小队，乘坐橡皮船偷渡运河，炸毁暗炮台。

11日凌晨，加强工兵营渡过运河，扑向要塞，遭到比军猛烈的反击。为了配合工兵们的前进，德军高射机枪和反坦克炮对要塞进行疯狂的轰击，化学战士施放烟幕，遮挡要塞支援火力的视线。然而，德军工兵每向前挪动一步，都有可能丧生。他们每个人身上背满了手榴弹，脖子上挂着3公斤的炸药包，手里还拿着挂有炸药包的狭窄木条，有的工兵手持6米长的放雷管的竿子。穿越火线后，工兵们终于开始了爆破工作。科赫将突击队员分给各个爆破组掩护工兵营的行动。漫长的等待过后，"隆隆"的爆破声传来，要塞内火光冲天，伞兵们端着冲锋枪，冲进一个个地下工事。比利时的守军已经溃不成军，完全失去了抵抗信心。

## ◎ 激战马斯河

5月11日下午，法军第七集团军到达蒂尔堡，由于失去了制空权，遭到德军的顽强阻击，被迫退守布雷达。另外，鹿特丹附近莱克河的几座大桥被德军占领，由于荷军在大桥附近袭扰，延缓了德军的攻势。

11日晚，柏林广播电台向全世界发布特别公报："德军一举攻克德比边境的阿尔贝运河防线，正向布鲁塞尔挺进。"德国宣传部长戈培尔称，德军的成功依赖于一种"最新秘密武器"。从天而降的"神兵"令要塞守军措手不及，德军仅以死6人、伤19人的代价，就轻易攻克了这个号称欧洲最难攻克的工事。

当德军轰炸机对荷、比两国的飞机场、重要桥梁、铁路和仓库进行狂轰滥炸的时候，驻守在马奇诺防线的英法两国士兵还在睡梦中，他们哪里会想到德军的坦克已经冲进荷兰和比利时国境。当这些士兵睁开睡眼的时候，德军飞机已经铺天盖地而来，迅速袭击了法国的加莱、敦刻尔克、贝尔克、阿尔卑来赫、梅斯、埃塞－南锡、布龙、沙托鲁机场和瓦尔达翁军营。

进攻西线的德军由 3 个集团军群组成：博克率领 B 集团军群 28 个师，越过荷兰和比利时攻入法国。龙德施泰特率领 A 集团军群 44 个师，由亚琛至摩泽尔河一线发起主攻。莱布率领 C 集团军群 17 个师，从摩泽尔河到瑞士边界向前推进。C 集团军群对马奇诺防线发动佯攻。另外，41 个师作为预备队。

此时，英法荷比盟军部队组成是这样的：法国第一集团军，辖 51 个师，包括英国远征军 9 个师；法国第二、第三集团军，辖 43 个师。第一集团军驻守马奇诺防线北端、比利时边境直至敦刻尔克。另外，比利时和荷兰分别有22 个师和 10 个师。但两国没有充分的准备。马奇诺防线上，法军部署了 9个师。

德国 A 集团军群的精锐部队很快便穿越了比利时和卢森堡的阿登山区，向法国东北部发动进攻。德军为了最大限度地扩大战果，在卢、法、比交界的阿登山区集结了 3 个装甲军（辖 7 个装甲师）和 1 个摩托化军（辖 3 个摩托化师）。前卫是古德里安率领的第十九装甲军，辖第一、第二、第十装甲师。古德里安的任务是在 10 日中午穿过卢森堡，前出至比利时边境，直扑法国的色当。在古德里安的北面，是莱因哈特率领的第四十一装甲军，辖第六、第八装甲师。因为古德里安的装甲军占用了阿登山区的几条主要通道，所以第四十一装甲军的出发时间迟了一些。尽管如此，他们还是很快穿过阿登山区，迅速扑向色当以西的梅济耶尔地区。

古德里安的第十九装甲军迅速击溃比利时军队的抵抗，仅用两天就越过阿登山脉 110 公里长的峡谷。第四十一装甲军的北面，是施密特率领的第三十九装甲军，德军以隆美尔的第七装甲师为先导，第五装甲师殿后，突破比利时边防线后向迪南地区推进。这3个装甲军的后面，是跟进的3个摩托化师。

荷兰和比利时跟他们的盟国老大哥英法一样反应迟钝，在德军越过边界后，两国才收到内容相同的德国照会。在照会里，德国指责荷、比两国违反中立法，针对德国加修工事和部署兵力，德国不愿坐等英法进攻，决不允许英法通过比利时和荷兰对自己采取军事行动。荷兰和比利时立即派驻柏林的本国公使向德国提出抗议，但是遭到拒绝。

接到比利时、荷兰的求援后，英法盟军按照计划迅速展开，第一集团军群主力火速开赴荷兰的布雷达地区和比利时。同时，法军第二集团军坚守色当至隆吉永之间的防御阵地；第九、第二集团军的5个轻骑师（每个师装备马匹和坦克各半）迅速渡过马斯河，阻击通过阿登山区向马斯河进攻的德军。由于英法军队判断失误，加上部署不当，战争一开始，就陷入了十分被动的局面。

德军的坦克及摩托化部队越过边境后，势如破竹直插荷兰、比利时和卢森堡腹地。仅30万人口的卢森堡当天便宣告投降。比利时的情况虽然好些，但也只进行了有限的抵抗。

埃本·埃马尔要塞的失陷，使法国人开始怀疑马奇诺防线是否真的坚不可摧。

5月11日傍晚，德国装甲部队全线突破英、法、比军队的防线。

北线：隆美尔指挥的第七装甲师在比利时马尔什地区击溃了法军第四骑兵师的装甲旅，并于当天下午前出至马斯河。

南线：古德里安指挥的第十九装甲军全速前进。傍晚时分，位于中路的第一装甲师前出至色当以北16公里的瑟穆瓦河一线；左路是第十装甲师前出至罗西尼奥勒以南的瑟穆瓦河一线；右路的第二装甲师虽然在比利时的利布拉蒙地区耽误了一些时间，但在天黑之前仍然赶到了瑟穆瓦河以西地区。

5月12日，利奥波德国王在卡斯托会见了盟军指挥官达拉第。虽然比利时和盟军正在加强安特卫普－那慕尔一线的防御力量时，但随着战局的不断向南发展，盟军的防线更难防守了。

下午，古德里安的3个装甲师抵达马斯河北岸。德军不费吹灰之力，便拿下了法国要塞城市色当，并开始在色当西北24公里长的马斯河北岸集结。当天夜里他们便开始了紧张的渡河准备。德国人强渡马斯河是闪击法国的关键。

马斯河又叫默兹河，是西欧重要的通航水路之一，发源于法国朗格勒高原的普伊，向北流经比利时和荷兰，流入北海，全长950公里。在二战中，德军强渡马斯河，成功地突破防线进入法国腹地，为整个作战的成功奠定了基础。从迪南到色当的长达130公里战线上，德军装甲部队均前出至马斯河沿线，比预定的时间提前了24个小时。德军陆军在狭窄的山路上，3天之内竟然推进了惊人的300公里，这是法国最高统帅部难以想象的。德军装甲部队的突然出现，使得法军在色当至那慕尔之间的马斯河防线，特别是法国第二集团军防守的色当地区骤然受到巨大的威胁。

晚上，荷兰军方通知荷兰女王及内阁大臣，已经无法抵挡德军的攻势了，威廉明娜女王偕同王室流亡英国。荷军请求法军攻占马斯河大桥，法军没有同意。这样，德军第九装甲师全部通过马斯河和瓦尔河大桥，于13日到达鹿特丹附近。

5月13日11点，德国空军调来12个轰炸中队，支援陆军的强渡行动。德军近400架俯冲式轰炸机不停地对马斯河南岸的法军阵地和炮兵群进行了长达8个小时的狂轰滥炸。航空炸弹铺天盖地，持续的轰炸令一些法军官兵的精神崩溃。

在德国空军的狂轰滥炸下，法军的指挥所、机枪掩体、火炮阵地和交通枢纽均不同程度地被摧毁。下午4点，德军分乘数百艘橡皮艇，强行渡河。

法军第一集团军的先头部队像疯了一样阻击渡河的德军，河对岸德军的坦克向法军阵地暴雨般地倾泻着炮弹，以掩护渡河的德军。法国官兵顽强地战斗着，数不清的法军士兵被炸飞，他们拼命地朝河上扫射，前边的人倒下去，后面的人扑上来。与此同时，法军的一批雷诺坦克朝河面发射炮弹，河面上顿时猩红一片。河中的德军遭受顽强的阻击，但他们没有退路，只能硬着头皮向前划。大批德军士兵被炸飞。这里爆发了二战中首次大规模坦克战。最后，法军以损失105辆坦克的代价击毁德军坦克164辆。

德国坦克师强渡马斯河

17 时 30 分，德军的几只橡皮艇已经在马斯河南岸登陆，士兵立即铺设浮桥。20 时，德军第一装甲师全部通过浮桥，犹如一把尖刀直插法军阵地。午夜，第二装甲师和第十装甲师快速渡过马斯河。

陆军参谋总长哈尔德在日记中写道："我们可以指望 24 个师左右的英法军队和 15 个师的比利时军队，在纳缪尔以北完成集结。为了应付这种局面，我们的第六军团在前线有 15 个师，还有 6 个师的后备军……我们有足够的力量击退敌人的任何进攻，用不着配备更多的部队。在纳缪尔以南，敌人的力量较弱，大约只有我们兵力的一半，对缪斯河的进攻的结果，将决定我们是不是能够利用这种优势，在什么时候利用以及在什么地方利用。在这条战线的后面，敌人并没有一支值得一提的兵力。"

隆美尔率领的第七装甲师在西面 40 英里处的南特附近也成功地渡过了马斯河。至 14 日下午，古德里安的第十九装甲军已经全部渡过马斯河，而位于北面的莱因哈特指挥的第四十一装甲军也于 13 日在蒙特梅附近强渡马斯河。至此，德军 A 集团军群的 7 个装甲师共 1800 辆坦克均已渡过马斯河。这样一来，在比利时作战的英法联军随时面临被围歼的巨大危险。马斯河防线失守，意味着通往巴黎盆地和英吉利海峡的道路无险可守，在比利时境内的英法联军成了孤军，而马奇诺防线的法国主力腹背受敌。

同一天，荷兰女王发表了《告荷兰人民书》，她解释说，荷兰政府已经搬到英国了，荷兰不论什么时候都是主权国家；荷兰军队总司令将采取一切必要的措施；各地政府应该为民众办事，要维持治安，避免无谓的牺牲。同时，她说明了逃离荷兰的理由，德军的首要目标是俘虏王室和政府官员，使荷兰丧失依法组成的权力机构。

荷兰外交大臣和殖民大臣在德国入侵当天便飞抵英国，5月14日，内阁其他成员陆续飞抵英国。他们立即投入工作，组建临时流亡政府。然而，不足两个星期，德军B集团军群就占领荷兰全境。集结在法国北部的盟军主力越过法比边境向B集团军群扑来。隆美尔的B集团军群成功地吸引了英法主力，曼施坦因的C集团军群对马奇诺防线进行的佯攻牵制了法国从南部撤军的企图。

5月14日，英国立即调来10个战斗机中队与驻法的英国空军和法国空军一起反击。下午，马斯河上空爆发激烈的空战，英军"布雷汉姆"轰炸机和法军"布雷盖"轰炸机在英法战斗机的护卫下，不要命地扑向马斯河沿岸的德军登陆部队。德国空军立即抽调近5个联队的战斗机升空迎敌，双方投入的飞机均达到500多架。

从中午激战到傍晚，德军登陆点上空双方战斗机上下翻飞，拼命厮杀。德军高射炮群不断以猛烈火力射击英法飞机。英法飞机一批批地发动自杀式袭击，结果被密集的高射炮火力吞噬。夜幕降临，伤亡惨重的英法飞机少量逃走，德军取得了胜利。此次空战，英法盟军飞机损失数百架，仅德军第二高炮团就击毁了112架飞机。结果，英法空军仅仅破坏了3座浮桥，没有封住马斯河防线的缺口，致使防守这一地区的法军第五十五师阵地的军营出现了骚动。

## ◎ 无法阻止德军突进

在德军与英法盟军激战马斯河的关键时刻，希特勒签发了第 11 号作战指令。

领袖兼国防军最高司令 大本营

国防军指挥局／国防处 1940 年 5 月 14 日

1940 年第 33002 号绝密文件

仅传达到军官

第 11 号指令

一、当前的作战进程表明，敌人还摸不清楚我军行动的意图。敌人依然将重兵调往那慕尔－安特卫普一线，而忽视了 A 集团军群前面的地域。

二、以上情况及 A 集团军群快速强渡马斯河，为下述行动创造了有利的前提条件：依照第 10 号指令，集中最强兵力于埃纳以北，并向西北方向发动突击，目的是取得一次重大胜利。这个时候，在列日－那慕尔一线以北作战部队的任务是，以现有兵力发动进攻，牵制和迷惑尽可能多的敌人兵力。

三、北翼的荷兰陆军抵抗比预期的要强。基于军事和政治方面的因素，务必在尽可能短的时间内彻底粉碎荷兰陆军的抵抗。

陆军的任务是，以优势兵力从南面迅速摧毁荷兰要塞，以配合进攻东面敌人的防线。

四、将全部可调动的摩托化师调往 A 集团军群的作战区域。B 集团军群的装甲师和摩托化师一旦没有作战任务时，且情况允许，请务必调往进攻的左翼。

五、空军的任务是，集中强大的兵力用于 A 集团军群方向，以阻止敌人向我进攻正面后方调动兵力，直接支援 A 集团军群的作战行动。

另外，有针对性地消耗与第六集团军正面作战的敌人兵力，为快速占领荷兰要塞创造有利条件。

六、海军以现有作战兵力突袭霍夫登海域和英吉利海峡的海上交通线。

（签字）阿道夫·希特勒


希特勒从比利时调来一些战机，加强了对荷兰的攻势。按照希特勒的指令，德军一边加大攻势，一边迫使鹿特丹的荷军投降，声称若不投降，将发动大规模轰炸。

5月14日黄昏，荷军总司令温克尔曼命令全军放下武器。次日上午11时，他作为荷兰政府的全权代表在无条件投降书上签了字。

仅仅5天时间，昔日的海上霸主荷兰就成了希特勒的囊中之物。

进攻荷兰的德军是A集团军群第十八集团军。第十八集团军有10个步兵师和1个空降师、1个机降师，集团军军长为库赫勒。德军进攻荷兰的作战方案是：以空降兵的突袭为地面部队迅速攻破荷兰防线提供保障，然后进攻鹿特丹、海牙两地。

德荷战争爆发的第二天，荷兰政府即下达了战争动员令，从此一直保持防御状态。荷军的防御作战是依据英、法、荷、比四国联合制订的计划而实施的。按照规定，荷兰军队在英法陆军赶到前，在边境和纵深防御阵地进行防御，以延缓德军突进的势头，等待英法军队的到来。

荷军的兵力不足，难以守住从马斯特里赫特到北海的400公里长的边境。为了阻挡德军入侵，荷军建立了3道防线：第1道防线在边境建立筑垒阵地，部署少量兵力；第2道防线为哥雷比－皮尔防线，10个步兵师依托阵地组织防御；第3道防线为荷兰要塞，即鹿特丹、阿姆斯特丹、乌德列支和海牙一线，这里有海湾、河流，东有北临艾瑟尔运河的格诶大伯筑垒，南有从瓦尔河至鹿特丹的防御工事，荷兰要塞是荷兰的最后屏障。

为了在第2道防线尽量拖延时间，必要时可以将莱茵河、马斯河和瓦尔河的防洪坝炸开，使这一地区变成"汪洋大海"，以提高港口城市的防御能力。德军知道荷军打算利用洪水达成防御目的。德军想出了一个突破荷军防线的方法，即在装甲部队突破第2道防线时，同时占领3条河流上的桥梁，以确保部队快速通过。德国空降部队负责执行这一任务。

在之前的德波战争中，德军不使用空降部队，是为了隐蔽战役企图。如今，在西线发动大规模攻势，空降部队的极大优势成为其参战的必要条件。此次空降作战分为海牙作战和鹿特丹作战。

在海牙方向，德军出动了第二十二机降师的2个团和第七空降师的1个营，第二十二机降师师长斯庞尼克担任总指挥。斯庞尼克的任务是出其不意占领瓦尔肯堡机场、奥肯堡机场和伊彭堡机场，再机降2个步兵团进攻荷兰首都海牙，俘虏荷兰皇室、政府人员和军队高层，并阻止荷军向哥雷比－皮尔防线驰援。

在鹿特丹方向，德军出动了第七空降师的4个营和第二十二机降师的1个团，第七空降师师长司徒登特担任总指挥，其任务是夺取瓦尔港机场和鹿特丹的维列姆大桥、多尔德雷赫特大桥、默尔迪吉克大桥，为第十八集团军打开通往荷兰要塞的道路。另外，德军在瓦尔港机场机降1个步兵团，用作预备队。

德军此次空降作战的兵力达1.6万人，由第二航空队近500架容克－52运输机运送。空降部队在德国的威塞尔、明斯特、利普施塔特、帕德恩博等9个机场出发。空降纵深达40公里。规定运输机在北海上空绕道，自西北海上飞临目标。荷兰军队根据事先从德国军事谍报局得到的情报，掌握了德军空降计划。荷军总司令温克尔曼不断下达命令加强防范。从5月7日起，荷军在各机场的跑道和公路上准备载重卡车、设置地雷和障碍物。同时，加强机场的警戒，增加了高射炮，在北海沿岸部署高射炮部队。荷军大多数军官过于相信哥雷比－皮尔防线与洪水的威力，而忽略了德军的空降计划。

5月15日，古德里安率部突破马斯河后，马上决定执行后续计划，即向英吉利海峡推进。由于古德里安的孤军推进，侧翼暴露了出来，这对执行反突击任务的法国第二十四军第三装甲师和第三摩托化师来说，是一个绝好的机会。他们完全可以从侧翼实施迅速而大胆的穿插，进而分割包围冒进之敌。这样一来，极有可能改变整个战争的进程。

然而，法军竟然放过了稍纵即逝的战机。在古德里安的装甲部队挥师西进半小时后，法军停止了反突击行动，把第三装甲师部署在一条19公里长的战线上，试图封锁德军向西推进的每一条道路。如此一来，法军分散了兵力，为德军各个击破提供了绝佳机会。

5月16日夜，比利时军队和英国远征军被迫撤到斯凯尔特河。法军第九集团军被德军彻底击溃。法军第一集团军的防线溃散，深入荷兰的法军第七集团军逃回了安特卫普。

布鲁塞尔涌入大批难民，到处流传着被德军分割包围的谣言。这时，比利时国王利奥波德与政府官员对这场"奇怪的战争"感到震惊，他们的意见出现了严重分歧。

利奥波德连续召开会议。在这些会议上，国王要求官员们注意盟国战败的可能性。他认为德军已经把英国远征军同法军的主力部队分割开了。比利时政府官员们坚决主张，不惜一切代价，使比军撤到法国，同时政府向法国撤退。他们相信法国有能力把这场战争打下去，并最终获得胜利。

这一天，德军占领比利时首都布鲁塞尔。不久前，比利时政府撤往奥斯坦德。在随后的几次会议上，官员们要求军队向南撤退，甚至要求国王丢下军队和政府一起流亡法国。比利时国王兼总司令利奥波德说，司令官的职责是和军队在一起，甚至投降。他说自己的责任是保卫领土完整。

德军占领比利时首都布鲁塞尔

事实上，因为德军的速度太快，盟军根本无法快速地做出反应来阻止盟军的溃散。比利时军队很难撤到法国，军队没有坦克，其装备和训练只能打阵地战。由于不断地撤退，并放弃了第2道防线，比利时军心大乱。比军的行动受到难民潮的影响，军队发出命令，让老百姓不要出门。然而，为时已晚，老百姓像潮水一样出现在通往法国的道路上。

5月18日，比利时政府流亡法国。

5月19日，法军总司令甘末林下令，北翼各集团军向南撤退。

5月20日，英国远征军司令戈特率军向南进攻。英军参谋总长埃德蒙·艾思赛德询问比利时军队可否一同进攻时，比利时军队表示拒绝，只想再组织一次防御，准备让法军和英军重新发动进攻。同时，比利时国王利奥波德送给英国首相丘吉尔一封信，他认为英国向南进攻，一定会使比利时军队陷入孤立，并最终投降。

5月21日，法军新任总司令魏刚到达伊普尔召开军事会议，会上讨论怎样从南北两个方向同时发起攻势，以遏制德军的进攻。盟军同意由英法军队负责向南进攻，而比军退守马斯河防线，掩护盟军的行动。比利时军队同意扩大防线，以使盟军有时间组织进攻。

5月25日，事态进一步恶化，已经没有希望阻止德军挺进了。盟军的通信工具大量缺乏，军队间缺少配合。比利时军队在马斯河遭受强攻，利奥波德曾下令在马斯河做最后的抵抗，但在比军右翼与英军左翼间出现了缺口。

比利时一些官员来到军队大本营觐见国王。在情绪激动的觐见中，官员们说，他们想去法国，并要国王跟他们一起走，但利奥波德决心留在军队。官员们坚持说，作为国王，他的地位会使投降具有政治色彩。如果不听他们的劝告而留在国内，那国王必须对国内的纷争负责，或许被当成战俘押到德国。如果国王去法国，就可以继续在法国集结力量，和盟国一起在军事和政治方面继续斗争。

利奥波德认为法国不久也会灭亡，哪怕英国独自作战，也只是海战和殖民地战争。他认为，在大国之间的军事较量中，比利时毫无地位可言。他认为，他为国家服务的最好方法就是留在比利时。

5月26日，利奥波德再次请求英军进攻德军侧翼。当时，英军面临覆灭的危险，正准备向敦刻尔克撤退，无法给予比利时军队任何援助。英军建议利奥波德撤到伊塞河。与此同时，丘吉尔命令在法国的英军撤退。

5月27日，德国陆军在空军强大的火力支援下，一举突破比利时的防线。在比利时的道路上，挤满了出逃的难民。中午，国王派密使到德军司令部要求停战，并通知了英法两国使团团长。晚上，密使带回德军的答复，要求比军无条件投降。

5月28日凌晨，比利时国王兼武装部队总司令利奥波德下令放下武器，向德军投降。

其实，比利时的失败并不是偶然的。自1936年起，比利时就奉行独立的中立政策，希望德国尊重中立。当德军准备大举进攻时，比利时仍没有与英法进行军事合作。直到德军发动进攻后，比利时才同意英法军队进驻比利时。

5月31日，逃到法国的比利时议员们在利摩日开会。会上，议员们声明支持政府，并严厉地批评了利奥波德的投降。比利时的投降激起了法国人的愤慨，许多比利时官员甚至提议废除国王。与此相反的是，比利时国内民众却拥护国王反对流亡政府。他们相信国王，抨击政府官员抛弃了国家。在法国投降后，比利时政府唯一的出路就是投降。这一决定受新任法国外交部长保罗·博杜安的影响，他认为，英国很快也会投降。

比利时政府派人同国王联系，讨论如何向德国投降。利奥波德说，他身为战俘，无权过问政治。结果，比利时政府向德国投降却被置之不理。后来，德国发布命令，禁止比利时政府的官员回比利时。就这样，比利时政府的官员们既被德国政府抛弃，又受到利奥波德的冷遇。

# 第四章

# 前所未有的大撤退

仅仅 6 月 1 日这一天，就有 31 艘船只沉没，11 艘船只被击毁，有 2 艘满载 2700 名法国士兵的英国运输舰沉没后，舰上人员只有 2100 人被小船救走。这一天是为时 9 天的大撤退中损失最惨重的一天。

# ◎ 巴黎危在旦夕

　　不到一周时间，荷兰、比利时便迅速沦陷，德军装甲集团军群势如破竹，其速度创造了世界战争史上的奇迹。在德军钢铁洪流猛烈的冲击下，法国人陷入前所未有的惊恐之中，失败情绪在浪漫的法兰西上空如潮水般扩散开来。

　　1940年5月15日清晨，法国总理雷诺给英国首相丘吉尔打电话："这次我们恐怕要战败了。"丘吉尔听了雷诺的话大吃一惊："我简直不敢相信，使用大批量坦克进行冲击会造成如此惊人的战果！"

　　为避免英法军队主力被德军围歼，英法盟军总司令甘末林命令英法联军从比利时迅速后撤。巴黎卫戍司令埃兰将军强烈要求法国政府撤离巴黎，但是雷诺决心抵抗德军，反对埃兰的建议。这时，法国外交部正在销毁机密档案，院子里浓烟滚滚，路过的巴黎人无不感到沮丧。其实，德军并不想马上向巴黎进军，而是把装甲部队转向西北进攻亚眠，几乎包围了在法国以北的盟军。

5月16日15时，丘吉尔从伦敦急忙赶到巴黎，他此行的目的是为了给法国人壮胆，也是为了让英国赢得一点点喘息的时间。丘吉尔和他的随从一下飞机就觉得局势比他们想象的严重得多。迎接他们的英国外交官说，预料最多不过几天德军即将进入巴黎。

丘吉尔在英国驻法大使馆听取了关于局势的报告后，就乘车去法国外交部。他被请进一间精致的房间，雷诺等在那里，还有国防部长兼陆军部长达拉第和法军总司令甘末林。

甘末林向大家简单地说了一下目前的形势。在色当以北和色当以南，在八九十公里的一条战线上，德军突破了盟军的防线。迎战的法军已经被消灭或被击溃，大批装甲部队正以前所未有的速度奔向亚眠和阿拉斯，目标很明显，在阿布维尔及附近一带推进到海边的敦刻尔克，或者是巴黎。在德军装甲部队后面有8至10个摩托化师正在分左右两翼向前推进。甘末林大约说了5分钟，其间没有一个人插话。在他说完后，沉默了相当长的一段时间。最后，还是丘吉尔打破了沉默，他问："战略预备队在什么位置？"没有人回答。丘吉尔接着用法语问了一句："机动部队在什么位置？"

甘末林朝丘吉尔摇摇头，耸了一下肩膀，说："一个也没有。"接着又是一段长时间的沉默。窗外，外交部的花园里，冒着滚滚的黑烟，隔着窗户可以看到一些官员用小车推着档案向火堆走去。显然，法国人已经准备撤出巴黎了。眼前的景象，再加上甘末林的话，让丘吉尔吃惊得一句话都说不出来。有两点是他从来不曾想到的：第一点，德军所向披靡的装甲部队到处袭击法国的交通线和乡村地区；第二点，竟然没有一支战略预备队。

800公里长的防御阵地竟然没有配备一支战略预备队，谁能担保这么辽阔的阵线不被德军突破？作为英法盟军总司令的甘末林将军还真是这么做了。稍有一些军事常识的人都知道，当敌军用强大的兵力发起进攻并企图突破阵线时，指挥官应配备大量的预备队。这样，在敌军第一波次猛攻过后，才能迅速冲上去，进行猛烈的反击。

这一次，甘末林打破了沉默，他说，现在可以集结兵力向突破口或"突出部"的侧翼展开反击。有八九个师正在从战线比较平静的地区——马奇诺防线撤下来，有两三个装甲师尚未投入战斗，另外还有 8 个或 9 个师正从非洲调来，两三个星期后就可以到达作战地区，吉罗将军奉命担任缺口以北的法军司令。德军要想前进就要通过两条战线之间的走廊地带，在这两条战线上法军可以按照 1917 年和 1918 年的作战方式战斗。

丘吉尔问甘末林打算在什么时候和什么地方向"突出部"侧翼发起攻击，甘末林的回答依然令人沮丧，他说盟军"数量上占劣势，装备上占劣势，战术上占劣势"，然后又耸了耸肩膀，表示已毫无希望。听了甘末林的话，丘吉尔无话可说。相对于法军而言，英军的贡献很微小——开战 8 个月了，才派出 10 个师，而且参加战斗的连一个现代化的坦克师也没有。

甘末林一再强调法国的空军处于劣势，迫切需要英国皇家空军中队的轰炸机和战斗机支援。甘末林在提出请求的同时说，不但需要用战斗机来掩护法国陆军，也需要战斗机来阻止德军的坦克。丘吉尔说："阻止坦克是炮兵的事，而战斗机的任务是扫清战场的上空。"英国皇家空军战斗机队无论如何不能离开不列颠，这是非常重要的。英国人想要继续生存，就得在岛屿上空保持一定数量的战斗机。不过，现在需要把它缩减到英国人可以承受的最低限度。

在丘吉尔动身来法国的那天上午，内阁授权他再调 4 个战斗机中队到法国。当他们回到大使馆商谈以后，丘吉尔往伦敦发回一封紧急电报，并派人打电话要求英国内阁立即召开会议商谈支援法国的事宜。电报的内容如下：

1940 年 5 月 16 日 21 时

如果内阁能即刻开会商讨如下事项，我将感到非常欣慰。当前局势极其严峻。疯狂的德军突破色当后，发现法军兵力部署的漏洞，许多部队部署在北方，少数部队部署在阿尔萨斯。如此分散的兵力少说也需要 4 天才能调集 20 个师来防守巴黎和进攻"突出部"两翼。这个"突出部"目前宽达 50 公里。

3 个（德国）装甲师同 2 个或 3 个步兵师已经冲过缺口，另有大批部队在其后面兼程前行。这样就产生了两个严重的问题。第一，英国远征军大部将得不到掩护，难以退出战斗，撤至旧防线。第二，在法军能够充分集结军队进行抵抗前，德军的进攻将法军的战斗力消耗殆尽。

雷诺先生虽然已经下令不惜一切代价捍卫巴黎，但是我们看到法国外交部的一些工作人员在花园焚毁档案。我认为 2~4 天内，在巴黎乃至法国陆军中将发生大的事情。鉴于此，我们面临的问题是：除援助法军 4 个战斗机中队外（法国人对于 4 个中队的援助非常感激），可否增派更多战斗机中队；我们大部分的远程重轰炸机可否在明天及其之后的几个夜间轰炸正在强渡默兹河并向突出部推进的大批德军。就算我们如上述这样做了，结果仍然难以意料。除非突出部一战打胜，否则法军很可能像波军那样迅速崩溃。

我个人认为，我们应该明天调来他们要求的战斗机中队（即增派 6 个中队），并且集中法国和英国一切可以调用的空军，在以后的两三天中控制"突出部"上空，目的并非为了保卫这个局部地区，而是为了给法国陆军一个恢复士气和集结力量最后的机会。如果拒绝他们的请求从而招致其毁灭，这在历史上是不好的。另外，我们无疑是能够调派强大的重轰炸机队进行夜间轰炸的。目前看来，敌人已将空军和坦克全部投入战斗，我们不应低估他们的前进在有力的反击下，将遇到的日益增加的困难。我想，如果此间完全失败，我们依然能够把自己剩下的空中打击力量转用于协助我们的英国远征军。

　　以上是我所陈述的意见，再一次强调法国当前的局势已经非常严峻，请将你们的商议的结果尽快告诉我。迪尔将军同意我的意见。我必须在午夜前得到明确答复，以便鼓舞法国人。请用印地语打电话到大使馆给伊斯梅。


　　正如丘吉尔在电报中所说，要是内阁批准再增派 6 个中队，这样英国国内就只剩下 25 个战斗机中队了。英国的空军力量为援助法国尽了最大的努力。其实，丘吉尔做出这个决定是很艰难的，因为英国人是不愿再从本土防线抽调飞机的。

　　电报发出去两个小时后，大约 11 点半，内阁回电表示同意首相的要求。丘吉尔当即乘车前往法国总理雷诺的官邸。雷诺穿着睡衣接见了他的英国朋友。当丘吉尔说英国政府决定向法国派出 10 个战斗机中队时，雷诺立即派人请来达拉第。达拉第很快来到总理官邸，听取英国内阁的决定。其间，达拉第一言未发。当丘吉尔说完后，他站了起来，紧紧握住了丘吉尔的手，法国人的感激之情溢于言表。第二天一大早，丘吉尔及其随行人员便离开巴黎返回伦敦了，因为他的内阁刚刚组建，需要抓紧时间遴选新内阁人员。

与此同时，德国人前进的步伐一刻也没有停止。5 月 16 日晚，古德里安的装甲部队已经向英吉利海峡方向推进了 80 多公里，将步兵远远地甩在了后面。德军的装甲部队已经到达拉昂，英法盟军无法抵御德军坦克的推进，有组织的阻击都失败了，巴黎危在旦夕。在路上，德军遇到一股股溃散的法军士兵，他们都不愿意耽搁时间去俘虏他们，而是用扩音器喊道："我们不想俘虏你们，赶快放下武器，离开道路，免得丧命。"

# ◎ 错失良机

古德里安的装甲部队的推进速度不但令英法盟军措手不及，也令德国最高统帅部感到不安，尤其是希特勒。装甲集群司令克莱斯特认为：装甲部队过河后不能急于向法国纵深推进，要巩固桥头堡阵地，等待后面的摩托化师跟上，否则装甲部队和步兵就会前后脱节。何况古德里安的装甲军孤军冒进，缺少翼侧掩护，有被围歼的可能。于是，克莱斯特下令："严禁超越桥头阵地！"古德里安却说："这道命令，我既不愿接受，也不甘心接受，因为这无异于放弃奇袭，丧失一切初步战绩。"克莱斯特只好同意，"准许继续进军24小时，以扩大桥头堡"，同时叮嘱不要冲得"太猛"。

古德里安与他的装甲师师长们商定：各部队继续加速前进，直到用完最后一滴汽油为止。

克莱斯特听说古德里安没有执行自己的命令，依然在猛打猛冲，火气腾的一下子就上来了。他命令古德里安立刻停止行军2天，沿埃纳河构筑一条翼侧屏障，并于 17 日上午 7 时来到古德里安设在蒙科尔内附近的指挥所，训斥这位不服从命令的下属，并威胁说要解除他的职务。

桀骜不驯的古德里安怎么能让到了嘴边的肥肉白白溜走，于是越级向自己的老领导 A 集团军群司令龙德施泰特将军请求，请他批准自己继续向西推进。古德里安的请求获得批准，条件是必须进行战前侦察。

5 月 17 日，古德里安受到了来自戴高乐上校指挥的法国第四装甲师的阻击。戴高乐率领第四装甲师向北推进了 19 公里，前出至塞尔河沿岸的蒙科尔内，顽强阻击敌人，迫使德军装甲部队放慢了推进速度。17 日黄昏时分，戴高乐的第四装甲师左右两侧都受到了严重威胁，被迫退守拉昂以北的集结地。

德国陆军参谋总长哈尔德在日记中这样写道："17 日这一天过得很不开心，这是很不愉快的一天，元首非常紧张不安……他为自己的成功而担心，不愿冒任何风险，并要约束住我们。这全是由于他对左翼的担心！"哈尔德还写道："18 日并不比前一天轻松，元首对南翼有一种莫名其妙的担心，他狂怒地尖叫着说，我们正在走向破坏整个作战计划和冒失败风险的道路，他决不赞成继续向西进军。这是以元首为一方与以布劳希奇和我为另一方之间在他的指挥部里进行的最不愉快的讨论的主题。"

但是，古德里安并没有因为法军在翼侧的局部抵抗和上级的慎重行事而放慢速度，而是浩浩荡荡地冲了过去，北线英法盟军的处境岌岌可危。英法比荷四国盟军几百万大军陷入比、荷境内，被德军围困。在这里，英军每天所需的 2000 吨弹药及补给品全部经加莱和敦刻尔克等沿海港口运来，但这些港口正在受到严重的空袭，英军面临被全面包围的危险。

5 月 18 日，雷诺再一次改组内阁，如愿以偿地将法国前总理达拉第请出了国防部。为了安抚达拉第，符合激进社会党的要求，任命其为外交部长。雷诺亲自主持国防部，责令畏缩不前的甘末林辞职，任命魏刚为陆、海、空三军总司令。以前曾在克里孟梭手下当过秘书的芒代尔升任内政部长。雷诺又将贝当从西班牙召回法国，出任内阁副总理和首席军事顾问。他在召回这些经历过一战的大人物后，急需重振国民的士气。不久，报纸上发表赞歌，描述贝当和魏刚在一战时的赫赫战功。正如一个刊物说的那样，对于雷诺、芒代尔、魏刚、贝当等人，人们在危急时刻抱以"突然的信任"。

魏刚，生于 1867 年，毕业于法国圣西尔军校。1917 年，担任法国最高军事委员会委员。1918 年担任法军参谋长。1920 年至 1922 年，担任法国驻波兰军事使团团长，训练波兰军队。1930 年至 1935 年，历任军事研究中心主任、总参谋长、最高军事委员会副主席、陆军总监。1937 年，加入法西斯性质的僧帽党。1939 年，担任叙利亚和黎巴嫩法军总司令。1940 年 5 月 19 日，升任法军总司令，组织了"魏刚阵线"，仍未挽救法军败局。1940 年 7~9 月，担任投降德国的法国维希政府国防部长。1942 年 11 月，魏刚被捕，囚禁在德军集中营，1945 年获释，1965 年去世。

贝当，1856 年出生于法国加莱省的考奇拉退尔小镇，1878 年毕业于圣西尔军校，毕业后，进入一个山地步兵团，担任少尉。1888 年被调回圣西尔军校，担任教官。1900 年，终于熬到少校军衔，担任营长。1906 年，被调到国家射击学校任教官，开始宣扬火力破坏效果的思想，与福煦的全面进攻思想唱反调，结果不受重用。1914 年 8 月，升任第三十三团团长，他的谨慎小心态度使他无往不利，颇有建树，并且成了一战的英雄。1920年，升任最高军事委员会副主席。1922年1月，兼任法国陆军总监，从此在法国全力推行防御战略。二战爆发后，法军接连惨败，面临亡国的危险。1940年5月，调离西班牙，回到法国，25日被任命为内阁副总理。之后，历任法国副总理、总理。6月22日，在投降书上签字，出任维希政府总理。当时，维希政府对戴高乐进行缺席审判死刑，但贝当在判决书上签署"不要执行"。1945年4月25日，向法国政府自首。8月15日，法国临时政府最高法庭判处贝当死刑。由于戴高乐签署特赦令，改判为终身监禁。1951年病逝于囚禁他的耶岛。

5月19日，法军总司令甘末林发出了他在任的最后一道命令《第12号秘密手令》，次日便向魏刚移交了指挥权。甘末林这道用铅笔草拟的手令旨在使比利时的英法盟军向南突击，穿过兵力薄弱的德军装甲部队与南边的法军会师。与此同时，在索姆地区新建的部队向北移动，协助北线的联军向南突围，如果可能的话，切断德军向英吉利海峡方向急驰的装甲纵队。甘末林完全忽视了德军装甲部队的推进速度。总体说来，他还是比较正确的，但是新上任的总司令魏刚对国内战局并不了解，需要重新了解情况，才能下决心。而就在他了解情况的几天里，法军反攻的最后一线良机也偷偷溜走了。

同一天，戴高乐率领第四装甲师挥师西北，向塞尔河畔的克雷西出击，偷袭德军装甲部队，击毁德军多辆坦克，而自己几乎未受损失。下午，戴高乐撤到埃纳河以南地区，以阻止德军向南进犯。戴高乐指挥的第四装甲师虽然没有从翼侧切断德军的前进道路，却让德军统帅部受到了震动。

戴高乐，生于 1890 年，法国政治家。二战爆发时，戴高乐在法国第五军担任坦克旅旅长。1940 年 5 月，升任第四装甲师师长。6 月 6 日，被调任国防部副国务秘书。二战期间，戴高乐是坚定的主战派。德军占领巴黎后，戴高乐与法国政府决裂，逃到英国。6 月 18 日，戴高乐在伦敦向法国人民发表演说，呼吁法国人民继续战斗。6 月 25 日，戴高乐在伦敦创建法兰西民族委员会，即自由法国政府。1943 年，自由法国政府搬到阿尔及尔。1944 年 8 月 25 日，巴黎解放。1944 年 8 月，戴高乐担任法国临时政府主席兼国防部长。1946 年 1 月，戴高乐因对联合政府不满而辞职。1947 年，戴高乐创建法兰西人民联盟。自 1949 年起，他一直反对宪法，反对议会制政府，认为宪法将使法国政治动荡。

戴高乐

1958 年 6 月，戴高乐当选法国总理，提出加强总统权力的新宪法。9 月 28 日，新宪法在全民公决中以 78.5% 的多数票通过。从此，法国政治由议会制过渡到总统制。1965 年，戴高乐再次当选总统。1966 年，法国退出北约组织。1969 年 4 月，戴高乐辞职，回家续写回忆录。1970 年病逝。

# ◎ 被困敦刻尔克

　　5 月 20 日，古德里安率领他的装甲部队横扫亚眠，在阿贝维尔附近赶到英吉利海峡。德军最高统帅部没有料到对法战争会进行得这样顺利，以致不知道如何下命令才好。此时，比利时军队、英国远征军和法国的 3 个军团已经陷入重围。

　　德军最高统帅部作战部长约德尔在当天晚上的日记中写道："元首高兴得忘乎所以。他对德军和它的领导备加赞扬。他已在准备和约，主要内容为：归还最近 400 年来从德国人民手中夺去的领土和其他有价值的东西……一份特别的备忘录已存入档案中，内容有元首接到陆军总司令关于攻下阿贝维尔的电话报告时激动得语不成声的话。"

　　德军向前推进的速度快得令人难以置信，其中原因可以从古德里安 26 日给他的部队发的一个公告中看出端倪："我曾经要求你们 48 个小时不许睡觉，你们却一连 17 天没有好好地睡过一觉。我强迫你们冒险前进，侧翼和后方都充满了威胁，你们却从不畏惧迟疑。"

然而，此时的法军总司令魏刚却不在他的指挥部里。20日清晨，魏刚接任甘末林职务后，即做出安排，他要在21日视察北方各集团军。当获悉通往北方的道路已被德军切断时，他决定乘飞机前往。途中，他的飞机遭到攻击，被迫在加莱降落。当晚，他才在前线第一次看到法国陆军参谋长杜芒克将军和东北战线总司令乔治将军，他们一起讨论了挽救北线联军的措施和将来的作战计划，并制定了一个与甘末林的《第12号秘密手令》内容大致相同的魏刚计划。

5月21日清晨，魏刚乘飞机前往比利时，由于中途逗留与安全方面的考虑，直到下午3点才到达伊普尔开会。他在这里会见了比利时国王利奥波德和比约特将军。戈特勋爵没有接到开会时间和地点的通知，因而未能出席，也没有其他英国军官到会。比利时国王称这次会议为"4个小时杂乱无章地谈了一阵"。会上讨论了三国军队的协同问题、魏刚计划的执行问题及一旦这个计划失败后，英法军队撤退到利斯河和比军撤退到伊塞河的问题。魏刚决定乘德军西进的装甲纵队翼侧暴露之际，以己之长击敌之短，北线联军向南实施突围，以便同索姆河一带的法军会师。

就在魏刚纠结于如何突围的同一天，德军统帅部向古德里安下达攻击命令：自阿贝维尔向北推进，以占领诸港为目标。古德里安接到命令后，立即传令下去：第十坦克师进攻敦刻尔克；第一坦克师进攻加莱；第二坦克师进攻布洛涅。

这一天，英法盟军在阿拉斯附近，组织了一次有限的反击。2个英军师和1个装甲旅曾迫使德军向南收缩了几公里。当法军的两个师稍后向此地反击时，英军却停止了反击，朝着海岸方向撤退了。

此时，德军 A 集团军群从色当至法国西海岸的进攻线，完全切断了法军自北部南逃的路线。B 集团军群占领了荷兰及比利时东部，70 余万英法盟军处在德军的重重包围中。

盟军逃跑的唯一希望就是敦刻尔克等几个海港了。因此，古德里安下令迅速攻占几个海港，彻底堵死盟军的生路。

5 月 22 日，英法盟军首脑在万森召开盟军最高会议。魏刚在会上讲述了他的作战计划。他认为，北方各集团军的后方应交给比利时军队掩护，由比军掩护他们向东运动，如果必要的话，掩护他们向北进攻。同时，一个拥有自阿尔萨斯、马奇诺防线、非洲和其他各个地区调来的 18 ~ 20 个师组成的新的法国集团军，在弗雷尔将军统率下，沿索姆河建立一道战线。他们的左翼要通过亚眠向前推进到阿拉斯，这样，尽他们的最大的努力，同北方各集团军会师，必须使敌人的装甲部队长期受到压力。

魏刚说："不允许德国的装甲师保持主动权。"为此，他要求英国空军给予最大限度的支援，这对取得胜利至关重要，并建议暂时停止对德国汉堡和鲁尔的空袭，因为这对战争进程毫无影响。丘吉尔原则上同意魏刚的意见，他强调说："通过阿拉斯，重新取得北方各集团军同南方各集团军之间的联系是非常重要的。"但是在派出战机作战这一点上，他提请法国方面注意，配置在英国机场的英军歼击机在作战地区上空的时间不能超过 20 分钟，并拒绝了用英国皇家歼击机部队支援法国的建议。

魏刚的新计划同撤销了的甘末林的《第 12 号秘密手令》并无本质区别。北方各集团军采取攻势向南进军，如果可能的话，他们将和弗雷尔将军指挥的新成立的法国集团军群向北的推进相呼应，这样就能够粉碎德国装甲部队的进攻。只是等到这个命令重新下达，盟军前后已经浪费了3天的时间。英法盟军统帅的决定一再延迟，使得良机丧失殆尽，陷入重围。在统一作战方面，盟军的指挥几乎完全失灵。英国远征军总司令戈特甚至曾一连4天没有接到任何命令。由于英法盟军最高统帅部迟迟没有下达任何作战命令，德军完全取得了支配权。当天晚上，英军迫于时间和补给问题的考虑，不顾盟国的计划将英国远征军撤出了阿拉斯地区。

希特勒对阿拉斯出现的情况有些担心，他22日派副官打电话给A集团军群，询问作战情况。A集团军群总部作战参谋说："尽管5月21日实施突袭的敌军曾在一两个地方击退了第七装甲师，但总的形势已经恢复。"

英国军队进攻阿拉斯的重要性不在其实际行动，而在于对德军心理上产生一定的压力。关于这一点可以从第七装甲师师长隆美尔发给统帅部的电报中看出："15时30分至19时数百辆坦克及其掩护的步兵进行了一场激烈的战斗。"隆美尔把数量不多的英军高估成5个师了。

希特勒对局势深为担忧，他派总参谋长凯特尔前往阿拉斯重新部署。凯特尔在与A集团军群参谋长的讨论中，重申了希特勒的要求，尽快由步兵代替索姆河上的机械化师，克莱斯特集团军的装甲师应解除掩护侧翼和在亚眠与阿贝维尔之间进行防御作战的任务，并将其派往前方。希特勒认为，只有机械化部队才能以预期的速度作为先头部队迅速向北攻击，所以这些部队一定要解除掩护后方侧翼的任务，它的任务应该是增援和接替前方装甲部队。为了能使这种调节成为可能，各步兵师要以强行军的速度向西突进。希特勒的这些指示和A集团军群的将领们的看法不谋而合，命令随即下达。

德军 A 集团军群以第五和第七装甲师为先头部队，率领 2 个步兵师向阿拉斯两翼进攻。各装甲部队继续北进，于 23 日攻占了沿海重镇布洛涅和加莱，于 24 日进抵格拉沃利纳和圣奥梅尔一线。英法盟军几十万大军被德军牢牢围困在敦刻尔克地区。

## ◎ 奇怪的命令

事态的进一步恶化，使英国海军上将拉姆齐进一步认识到，必须采取果断措施。在此后的几天里，拉姆齐及其参谋人员在一座被称为"发电机房"的指挥部里废寝忘食地工作着，他们要求英国海运部把东、南海岸所有可用的船只集中起来；向指挥部要求更多的驱逐舰；向南方铁路要求专用列车；向海运部要求拖船、医药品、弹药、给养、发动机、绳索、柴油、空白纸和船员、机械师。

拉姆齐先后筹集了693艘舰船，加上盟国的船只，总共860艘。从巡洋舰到小帆船及荷兰小船，各种各样，编成舰队，随时准备驶往敦刻尔克。由于指挥方面的混乱和英法两军之间的联络失灵，加深了法军日益滋长的疑心，以为英军打算在危难中抛弃他们。

拉姆齐，1883年出生，1898年加入英国海军。他曾在南美和西印度群岛海军基地服役，参加过镇压南非起义的布尔战争。拉姆齐是有名的枪炮专家，在"无畏号"战列舰上负责指挥 B 炮塔。1913 年，拉姆齐参加海军参谋进修班，学习多方面技术。1915 年，他谢绝了罗伯特爵士邀请他为副官的请求。这一举动等于挽救了他自己的生命，后来在日德兰海战中罗伯特的"挑战号"巡洋舰被击沉了。

一战期间，拉姆齐先后指挥了"M.25 号"重炮舰和"布洛克号"驱逐舰参加海军。1919 年到 1920 年间，他先后指挥了"维茅斯号"和"达娜厄号"。1927 年到 1929 年间，拉姆齐在皇家海军军事学院当教官。1929 年，拉姆齐成为郡级巡洋舰"肯特号"的舰长，被派往中国。1931 年至 1933 年间，拉姆齐回到英国，在帝国国防大学任教。1933 年，他成为战列舰"皇权号"的舰长。1935 年，拉姆齐升任英国本土舰队参谋长，军衔为海军少将。1938 年，拉姆齐要求退役，遭到了英国海军部的拒绝，因为他是公认的两栖作战专家，几乎指挥过所有类型的舰只。

二战初期，拉姆齐成为多佛港务司令。1940 年，拉姆齐指挥了敦刻尔克大撤退。1942 年，拉姆齐与艾森豪威尔策划"火炬行动"。在西西里岛登陆战中，拉姆齐指挥海军成功完成了任务。1944 年，拉姆齐担任诺曼底登陆海军总指挥。1945 年 1 月 2 日，拉姆齐乘坐的飞机坠毁，不幸遇难。


5 月 24 日，古德里安的第十九装甲军赶到格拉夫林，距敦刻尔克只有 16 公里。与此同时，莱因哈特的第四十一装甲军抵达艾尔－圣奥梅尔－格拉夫林运河一线。德军两支装甲部队只需继续推进，就能马上占领敦刻尔克，后面还有几十个德军步兵师正陆续赶来。古德里安决心攻克敦刻尔克，彻底消灭英法盟军数十万人马。另外，德军步步逼近巴黎，法国和英国的关系开始恶化，法国政府不断谴责英国见死不救。

敦刻尔克，本来是一个名不见经传的法国港口城市，在二战期间，因发生了世界军事史上最大规模的撤退而闻名于世。敦刻尔克是法国东北部靠近比利时边境的港口城市，排在勒阿弗尔和马赛之后，是法国第三大港口。1662年，英格兰国王查理二世以40万镑的价格将敦刻尔克卖给法国。1940年5月下旬，位于敦刻尔克的英法盟军危在旦夕。

古德里安和莱因哈特的2个装甲军在阿贝维尔河彼岸建立了5个登陆场，准备和从东北方向包抄过来的B集团军群（含第六、第十八集团军）三面夹击，彻底围歼退至敦刻尔克狭小地带的英国远征军9个师、法国第一集团军的10个师和比利时军队。

就在德军即将包围近在咫尺的联军并取得这次战役的最大胜利的时候，希特勒突然下达了停止进攻的命令。命令指出，这次围歼战胜券在握，尽管迄今为止取得很大的胜利，但是这次战役远远没有结束，法军在埃纳河和索姆河左岸已经建立了新的防御阵地，下一个重要目标在等待着德军去攻克，希特勒希望在主要进攻方向保持锐不可当的势头。

究竟是什么原因促使希特勒下了这么一个奇怪的命令？最有可能的理由是德军高层争权夺利。空军总司令戈林眼看英法主力被歼，急欲从陆军手中抢夺头功，于是急电希特勒，建议把这一任务交给空军完成。希特勒也想保存装甲部队的实力，留待进攻索姆河以南的法军，同时想借此给自己的心腹一个提拔的机会，压一压陆军的气焰。希特勒的陆军总参谋长哈尔德在1957

年的信中列出了希特勒下达停止进攻命令的理由：

　　几天之后（笔者注：1940 年 5 月 24 日后），我才明白希特勒的决定，原来是戈林从中作梗。陆军闪电般的进攻速度，令这个独裁者感到恐惧，担心自己大权旁落，因为他深知自己缺乏军事才能，一点都不了解这次行动究竟有多少风险以及几成成功的可能。他经常焦虑不安，总觉得有不祥的事情要发生……

　　戈林对他的元首最了解不过了，于是他恰如其分地利用了这种焦虑情绪。他建议希特勒单独使用空军收拾这个大包围战的残局，这样就不用冒险使用宝贵的装甲部队了。他提出这个建议……有一个理由，这个理由暴露了戈林不择手段、野心勃勃的特性。不能让陆军横扫一切战绩，他要为他的空军在这次战役中争得最后决战的机会，从而获得成功的荣誉。

　　哈尔德在信中还谈到布劳希奇 1946 年 1 月在纽伦堡监狱中同空军将领米尔契和凯塞林谈话后，对他所作的一个说明。这些空军军官宣称：

　　戈林当时（笔者注：1940 年 5 月）对希特勒说，一旦快要到手的战斗中伟大胜利的功劳完全被陆军将领取得的话，元首在国内的威望会遭到难以弥补的损失。只有一个方法能阻止这种情况的发生，即由空军来完成最后的决战。

当然，希特勒也可能有其他方面的考虑：一方面，这一地带泥沼遍地，沟渠纵横，不利于坦克作战。另外，德军装甲部队长途奔袭，大多车辆需要修理，不必再让宝贵的装甲部队在佛兰德沼泽地遭受不必要的损失和浪费。而且，冒险前进可能遭受意外损失，这将减弱即将对法国其他地区展开的攻势。

无论如何，希特勒此时的心情都非常好，认为西线作战创造了一个奇迹，坚信战争不久就可以宣告结束了。希特勒再和法国签订一项合理的合约，于是和英国达成协议的途径也就畅通无阻了。他对英国比较赞赏，认为英国有其存在的必要，认同英国人对世界文明的贡献。他把英国和天主教会相比较，并说二者对于世界的安定都是必要的因素。他对英国要求不多，仅是它应该承认德国在欧洲大陆上的地位而已。他的目的是想站在英国人认为可以接受的立场上与其谋求和平。这样看来，让英军从敦刻尔克逃跑也许是希特勒想要安抚英国人的一种手段。

古德里安的第十九装甲军和莱因哈特的第四十一装甲军同时接到上级命令，要他们停止前进，并称"敦刻尔克之敌将全部留给戈林元帅的空军去解决"。古德里安马上向A集团军群装甲集群司令克莱斯特提出抗议，却发现这是希特勒亲自下达的命令，只得奉命执行。德军两股钢铁洪流停在运河一线一动不动，眼睁睁地看着英法比盟军自敦刻尔克上船逃跑。最终的结果是，不论空军还是陆军都没有达到目标。哈尔德在26日清晨的日记中愤怒地写道："从最高统帅部发来的这些命令真是莫名其妙……坦克像瘫痪了一样停在那里不动。"

盟军正是利用这一大好机会，得以实施从海上撤退的"发电机计划"。

对此，古德里安在他的回忆录中曾有过如下评价：

当初如果最高统帅部没有突然制止第十九装甲军向前推进，那么敦刻尔克早已被拿下，而且胜利的成果也非现在可比。当时如果我们能将英国远征军全部俘虏，那么战争的走向将是另一番景象。不管怎样，这样一个大规模的军事胜利，可以使外交家们多一个讨价还价的机会。然而非常不幸的是，这个难得的机会让希特勒个人的神经质给彻底弄没了。后来，他的解释是，看到佛兰德平原地区河川纵横，所以才命令我的装甲军不要冒险前进。这实在是不成理由的理由。

## ◎ 开始大撤退

　　就在敦刻尔克的英法盟军大撤退的时候，希特勒签发了完全征服法国的第 13 号作战指令，法国人长达 4 年之久的噩梦从此拉开帷幕。

　　领袖兼国防军最高司令　大本营

　　国防军统帅部／国防处 1940 年 5 月 24 日

　　1940 年第 33028 号绝密文件

　　仅传达到军官

第 13 号作战指令

　　一、接下来的目标是，由北翼实施向心突击，歼灭阿图瓦和佛兰德地区被围的法国、英国和比利时军队，迅速攻克并守卫该地区的海岸。

　　到时，空军的任务是，消除被围之敌一切抵抗，防止英军经英吉利海峡逃走，为 A 集团军群的南翼提供掩护。

抓住一切有利时机继续与敌空军进行斗争。

二、为歼灭法国境内之敌，陆军需按如下 3 个阶段尽早展开作战行动：

第 1 阶段：在海峡与瓦兹河之间向塞纳河下游推进，直抵巴黎，目的是以右翼少量兵力配合和掩护晚些时候展开的主要作战行动。

一旦条件许可并有可供使用的预备队，应争取在阿图瓦和佛兰德地区的作战行动结束前，即向蒙迪迪埃方向实施向心突击，占领索姆河和瓦兹河之间地区，为将来向塞纳河下游推进创造有利条件。

第 2 阶段：陆军主力部队发起攻击。强大的装甲部队和摩托化部队经兰斯两侧向东南方向实施突击，击垮位于巴黎－梅斯－贝耳福三角地区的法国陆军主力部队，彻底摧毁马奇诺防线。

第 3 阶段：执行辅助作战行动，及时支援该方向的主要作战行动。在圣阿沃尔德和萨盖明之间敌防守力量最薄弱的地段突破马奇诺防线，以较弱的兵力向南锡－吕内维尔方向突击。

另外，视战场具体情况，可以越过莱茵河上游发起攻击。其兵力不能超过 8~10 个师。

三、空军的任务

1. 空军不受法国境内作战的影响。兵力一旦足够则全力以赴实施英国本土作战。对英国本土作战将以针对英国空袭鲁尔地区而实施的毁灭性还击作为序幕。

攻击目标由空军总司令根据第 8 号作战指令规定的方针和统帅部为此所作的补充规定来确定。时间和作战意图，请及时向我报告。

即便陆军作战行动开始后，仍须继续实施英国本土作战。

2. 陆军在兰斯方向的主要作战行动展开后，空军除保持空中优势外，应直接支援地面进攻，击溃新出现的敌军，阻止敌军转移兵力，尤其注意掩护战线的西侧。如有必要，在突破马奇诺防线时，应给予支援。

3. 空军总司令应考虑：采取什么样的措施才能从受威胁较小的地区抽调兵力，加强目前遭到敌人重点攻击的地区的对空防御。

凡是与海军有关的事务，请海军总司令参与协商解决。

四、海军的任务

取消关于在英国周边水域和法国濒陆海区行动的限制性规定，海军可以充分使用武力。

某些海域允许为实施封锁而采取作战措施，海军总司令应就这些海域的界限提出建议。

封锁一事是否宣布，以何种形式宣布，由我决定。

五、请诸位总司令以口头或书面形式向我报告依据本指令制订的计划。

（签字）阿道夫·希特勒


希特勒签发第 13 号作战指令的同一天，法国总理雷诺致电英国首相丘吉尔，请求英国不要抛弃法国。

5 月 25 日，德国空军司令戈林在接到希特勒的指令后，立即召开作战会议。他穿着自己设计的样式奇特的军服，环视圆形会议厅，忽然习惯性地挥起拳头猛地砸在桌面上。他以自己特有的腔调嘶喊道："诸位将领，亲爱的元首已经将最后的决战任务交给我们。我们一定要证明帝国空军同陆军装甲部队一样势不可当，同样可以将英国佬置于死地。要让全世界都知道，德国空军是不可战胜的！"

在座的空军军官显然已经习惯了戈林的开场白，他们嘴巴紧闭，倾听这位目空一切的空军司令的训示。戈林对计划中仅仅使用5个航空团非常不满，他要求把德国西部和驻守荷兰的第二航空队全部用上，要组织一场规模空前的轰炸。

这一天，英国远征军司令戈特既没有请示法军司令部，也没有等待英国方面批准，不顾被围困的危险，擅自把在阿拉斯受到威胁的英军各师撤向敦刻尔克。英军的突然后撤，极大地扰乱了盟军的作战部署。这样一来，位于索姆河南岸的法军向北实施反突击就没有多大意义了，而北线的法国和比利时军队只能根据战场情况的变化独立作战。

5月26日，法军总司令魏刚被迫命令法国部队朝敦刻尔克方向撤退，重新部署，掩护这个滩头阵地。英法两国军队向敦刻尔克撤退的指导思想是不同的，英军是主动撤退，法军则是被拖着走；英军撤退，准备从海上逃往英国，而法军撤退则是想留下来继续战斗，最后创造奇迹。戈特从本国利益出发要求撤兵，英国陆军部来电，同意撤往敦刻尔克。

5月26日晚，英国海军部下达了"发电机计划"行动的命令，英军撤退行动开始。从英国本土通往敦刻尔克的航线共有3条。航程最短的是Z航线，仅需两个半小时，但它位于德国炮火射程之内，这显然不能启用；第2条是较短的X航线，但是几乎被英国的布雷区全部封锁，要扫清这些路障至少需要一周时间；这样唯一可用的就只有Y航线了。

Y航线由奥斯德港出发，绕过克温特的水雷浮标向西南折行，最后到达敦刻尔克港。Y 航线全长 120 公里，全程近 6 小时，比较容易航行，水雷也少，关键是 Y 航线还能躲避德军的炮击，但是也有一个不利因素，那就是暴露在德军轰炸机下的时间比较长。

当晚，第一批救援船便浩浩荡荡地驶向敦刻尔克港。英国人考虑到德国空军没有把敦刻尔克当作主要攻击目标，所以英国空军也就没有为船队提供空中护航。

第一批出发的船只有 129 艘。第一艘前往敦刻尔克的是“莫纳岛号”，它于 26 日晚 9 时驶离多佛尔港，并于午夜抵达敦刻尔克海岸。希特勒对戈林的轰炸效果和 B 集团军群的推进速度产生了怀疑，加上 A 集团军群要求恢复装甲部队的进攻，于是希特勒在中午前后批准了德军各装甲部队恢复进攻。而这个时候，已经错过了最有利的进攻时机，撤退下来的英法联军早就做好了防御部署，完成了从海上撤退的准备工作。

几乎在英国海军部下达“发电机计划”行动命令的同一时刻，希特勒取消停止前进的命令，命令指出：“由于博克的 B 集团军群在比利时进展迟缓和海岸附近运输舰活动频繁，装甲部队可以继续向敦刻尔克前进。”然而，希特勒的命令已经晚了，被围英法盟军已经得到加强自己的防务的时间，一边抵御，一边开始偷偷地逃到海里。

## ◎ 敦刻尔克空战

敦刻尔克战役

　　5月27日清晨，德军执行第一拨轰炸任务的2个轰炸航空团和2个歼击航空团从德国西部直扑敦刻尔克，目标是轰炸敦刻尔克港口和主要码头。通往港口的道路上挤满了各种各样的车辆和惊慌的人群。一架架俯冲轰炸机扑向英法士兵，炸弹如雨点般倾泻而下，地面上火光冲天，血肉横飞。接着，黑压压的机群铺天盖地，蜂拥而至。它们忽而向前俯冲，进行低空轰炸，忽而投下威力巨大的高爆弹。

英国空军接到报告后立即出动了两个中队的喷火式战斗机和飓风式战斗机。当英军机群赶到时，德机早已消失得无影无踪。当英军机群离开几分钟后，德军的第二拨机群出现了。它们对英军舰船进行了密集的轰炸。德机连一些民用小船都不放过，用炸弹将一艘艘小船掀翻。

1小时后，英军40多架战斗机飞向敦刻尔克。德军战斗机冲向英军机群，一场空战就这样开始了。德军轰炸机投完炸弹，掉头就跑。德军的大部分炸弹丢到海里或沙滩上，英军损失了11架战斗机。

同一天，德军投下了1.5万枚高爆炸弹和3万吨燃烧弹，英军驶抵敦刻尔克的船只总共撤走了7669人。照此速度计算，要想把全部远征军撤回国内起码需要40天。兵多船少，成了撤退中亟待解决的问题，尤其是容易靠岸的小船极为短缺。这是因为从敦刻尔克到拉潘尼的整个海滩是渐次倾斜的，即使是海水涨潮时，大船也很难靠岸，更何况大船转舵不灵，容易造成拥挤堵塞，所以小船的需求量猛增。为解决这一难题，英国海运部把泰晤士河两岸的各种小船场的驳船、帆船、摩托快艇和渔船都征集过来，组成一支预备队。

为加强对航线的掩护，击退德军空袭，保证运输线的畅通，拉姆齐向海军部发出紧急呼吁，取消驱逐舰的其他任务，专为敦刻尔克撤退行动护航。兵多船少的问题解决后，撤退的工作效率大大提高。

5月28日凌晨，德国空军参谋长耶顺内克接到侦察飞机和前线地面部队的报告：敦刻尔克上空大雾弥漫，加上地面浓烟覆盖，空中看不清目标，无法继续进行空袭。耶顺内克赶紧给戈林打电话通报情况。

"不行，我要的是轰炸！轰炸！再轰炸！！明白吗？绝不能让英国佬从海上跑掉，不能以天气来掩盖你的无能。"话筒里传来戈林疯狂的吼叫。百般无奈的耶顺内克只好命令飞机照常起飞。

上午，德军派出的2个俯冲轰炸机大队，因敦刻尔克上空能见度极低，只好带弹返回。此时，英法盟军的撤退正在紧张进行。他们动用了一切可以动用的船只，甚至驱逐舰也改成了运兵船。除了利用仅剩的几处码头外，海滩也被充分利用起来。他们用绳索牵着渡过海峡的小船，让等候在海滩的士兵乘小船渡到海上的大船旁边。岸上的士兵被分成50人一组，每组由1名军官和1名海员指挥。每当有救援船靠岸，他们便一组组地被带到海边，涉过没踝、没膝、齐腰、齐胸的海水，小心避开不断漂到身边的同伴的尸首，艰难地爬上小船。

等着上船的士兵富有纪律性，他们为撤离已战斗了3个星期，一直在退却，经常失去指挥，孤立无援，他们缺少睡眠，忍饥挨渴，然而他们一直保持队形，直至开到海滩，仍服从指挥。这些疲惫的士兵步履蹒跚地跨过海滩走向小船。大批人马冒着轰炸和扫射涉入水中，前面的人水深及肩，他们的头刚好在扑向岸边的波浪之上，从岸上摆渡到大船去的小船因载人过多而歪歪扭扭地倾斜着。炮兵不停地开炮，炮声轰轰，火光闪闪，天空中充满嘈杂声、高射炮声、机枪声……人们不可能正常说话，在敦刻尔克战斗过的人都有了一种极为嘶哑的嗓音：一种荣誉的标记——敦刻尔克嗓子。

下午，气象条件仍然很差。耶顺内克在办公室里焦急地踱着步子，戈林一次次地电话催促使他感到一阵阵耳鸣。他早已命令轰炸机群挂弹待发，但面对敦刻尔克恶劣的天气却无计可施。一个参谋为他送来了气象报告，预计近几天内法国东南部仍将持续阴雨天气。

耶顺内克顿时紧张起来，他明白如果时机错过，英军很可能将被围困部队全部撤回本土。他命令气象部门拿出更详细的气象报告，同时拨通了作战室的电话："各机场待命战机，立即以 3 ～ 5 架小型编队对敦刻尔克实施连续轰炸。不管目标上空能见度如何，炸弹必须投下去！"

耶顺内克只能出此下策，以求扰乱英军的撤退部署。

敦刻尔克上空又响起了轰炸机发出的隆隆声。英军新集结起来的几支高炮部队开始漫无目的地对空射击，士兵纷纷跳进附近的战壕。然而，投下的炸弹没有造成什么伤害，不是投进了距岸滩很远的海中，就是投在无人的空旷地，偶尔有几颗落在士兵聚集的沙滩，柔软的沙子像坐垫似的把大部分爆炸力吸收掉了，就算炸弹在身旁爆炸，也不过只是溅起一脸泥沙而已。这种漫无目的的零星轰炸一直没有间断。撤退中的士兵很快便习以为常了，他们纷纷爬出壕沟，该干什么还干什么，排在后面等候上船的士兵甚至玩起了沙滩排球，就像在英格兰岛欢度周末一样悠闲自得。

# ◎ 损失最惨重的一天

5 月 28 日，丘吉尔在英国议会下院发表讲话。他说："我们已经宣誓要保卫这个世界，在这次战争中，随便发生什么事情都不能使我们放弃这个职责。"同一天，他在内阁中又说："不管敦刻尔克将发生什么情况，我们将继续战斗下去。"

28 日英军撤走了 17804 人，29 日撤走 47310 人，30 日撤走 53823 人，前 4 天总共撤走 126606 人，大大超出了英国海军部原来期望的 4.5 万人。比利时军队投降后，加速了战争的结束步伐。此前，英法两国的分歧在报纸上从未披露过，在比利时投降后，法国掀起了痛斥比利时国王利奥波德的怒潮。几天来，英军一直在为撤退做准备，法军却在慌慌张张地应付局面。这些事实使得在撤退的开始几天内，自敦刻尔克撤出英法军队的人数相差很大。

5 月 29 日清晨，负责撤退行动的总指挥拉姆齐海军中将收到来自本土的电报：20 日之前共有 6.5 万人安全返回。拉姆齐心中感觉不到半点轻松，在敦刻尔克岸边等待撤离的部队越来越多，而敦刻尔克西部和北部的德军地面部队又加强了攻势。防御圈在不断缩小，拉姆齐只有祈求上帝让这种大雾天气能多持续几天，但遗憾的是祈求上帝并不总是那么管用，下午两点钟，阳光洒满了敦刻尔克海滩。

1小时后，德军3个大队的"施图卡"式大型俯冲轰炸机编队便赶到了。德机像饥恶的老鹰一样扑向地面的"猎物"，它们仿佛要夺回这几天的损失。这次德机只将大型运输船只视为主要轰炸对象。一架俯冲轰炸机追上已经驶离港口的"奥洛国王号"大型渡船，从高空直插下去，在机身就要触到船上烟囱的时候迅速打开弹仓，炸弹几乎全部落在甲板上。在一声声震耳欲聋的爆炸声中，"奥洛国王号"很快便沉入水中。距岸50米远的另一艘英国先进的驱逐舰也未能逃脱噩运。在德国空军的疯狂轰炸下，英国海上的运输船已经完全失去了队形，乱作一团，许多船只起火。

下午，德军第二航空队2个轰炸机团赶来，开始实施对英国船队的猛烈轰炸。这天下午，英国海军损失驱逐舰3艘，受重创7艘，还有5艘大型渡船被击毁。拉姆齐不得不将8艘最先进的驱逐舰撤出战斗。

这一天，法军第一集团军奉命正式撤退。英军最初拒绝让法军登上自己的船只，因为附近没有法国船只，这就等于将法国人丢在那里。法国总理雷诺知道后感到非常不安。

5月31日，英国首相丘吉尔前往巴黎参加英法盟军最高军事会议。雷诺和魏刚提出，22万英军中已有15万多人撤退，而20万法军中只有1.5万人撤退。他们坚决主张英法军队共同撤退。丘吉尔表示同意共同撤退，并说："仍然坚持在敦刻尔克的3个英国师将同法国人在一起，直到撤退完毕。"丘吉尔最后喊出了"挽臂同行"的口号。

5月31日和6月1日，是敦刻尔克撤退人数最多的两天，尽管德军连续不断地进行炮击和轰炸使英国船只白天不便靠近敦刻尔克，但最后盟军仍撤出13.2万人。然而，在撤退过程中，船只的损失很大。

6月1日上午，德英两国空军在敦刻尔克上空的战斗一刻也没间断，且规模在不断扩大。英国空军几乎出动了一切可以动用的飞机——飓风式飞机、喷火式飞机、装有炮塔的双座无畏式飞机，就连赫德森轰炸机、双翼箭鱼式鱼雷轰炸机以及笨重的安森侦察机都从英国本土起飞，参加了空战。仅仅6月1日这一天，就有31艘船只沉没，11艘船只被击毁，有2艘满载2700名法国士兵的英国运输舰沉没后，舰上人员只有2100人被小船救走。这一天是为时9天的大撤退中损失最惨重的一天。

丘吉尔听到这个消息后，马上发电报给雷诺，建议"于今夜（6月1日）停止撤退"。雷诺大为光火，魏刚则坚决要求英军的3个师留下来。此时，德军的包围圈收得更小了，炮火延伸至敦刻尔克附近海域，撤退只好改在天黑后进行。德国空军对此无可奈何，只好对巴黎等地进行大规模空袭。德军地面部队开始进攻敦刻尔克，但为时已晚。

6月2日和3日夜间，剩下的英国远征军和6万名法军冒着敌人的炮火撤了出来。

在法国的坚决要求下，英国同意将"发电机计划"行动延长到6月4日。在这场生死较量中，双方均损失惨重。空中、地面、海中，硝烟滚滚，陈尸遍地，血流成河。到处是飞机的轰鸣声、子弹的狂啸声和炸弹的爆炸声。

空战相当残酷，英机群与数倍于己的德机周旋着。德国人改变了战术，他们利用大编队英机群离开的机会，以部分战斗机牵制住警戒的小股英机，轰炸机则飞抵敦刻尔克上空投弹，投完立即逃跑。

敦刻尔克战役

6月4日清晨，阿布里亚尔和拉姆齐在多佛城堡见面，都同意撤退工作告一段落。当天上午11时，法国政府也批准了这一决定。下午2时23分，英国海军部正式宣布"发电机计划"行动结束。至6月4日下午5时23分，这次行动除了没来得及撤出的法军第一集团军的4万人投降外，共有338226名英法士兵撤出了敦刻尔克，其中有21.5万名英国人，12.3万名法国人和比利时人，其中有5万人是由法国海军救出的。到最后，法军有将近14万人撤出，在这次行动中法国损失了2艘驱逐舰、5艘鱼雷艇和许多小船。

撤退中被击沉的各种船只共243艘，其中英国226艘，法国和比利时有17艘。英国远征军丢下了1200门火炮、1250门高射炮和反坦克炮、6400支反坦克枪、1.1万挺机枪、7.5万辆摩托车和180架飞机。负责最后掩护的几千名英军和4万名法军，被俘后在德国的集中营里度日如年。

空军方面，英国损失了 110 余架飞机，德国空军却损失了 150 余架飞机。对英国来说，侥幸避免了可能发生的灾难。不久，德国陆军奉命占领敦刻尔克。这支逃走的军队，4 年后又从诺曼底登陆，成为打败希特勒的重要力量。

6 月 4 日，丘吉尔在英国议会下院报告了敦刻尔克大撤退的情况。敦刻尔克惨败的事实，使他的心头十分沉重。当时，从敦刻尔克开回来的最后一批运输舰正在把人员卸下来。正如同他后来所写的那样，这时他已下定决心不仅向本国人民，而且也向全世界尤其是美国表明，"我们决定继续战斗是有重要理由的"。正是在这个时刻，他发表了著名的演说：

欧洲大片土地和许多古老著名的国家虽然已经陷入或正在陷入秘密警察和纳粹政体所有凶恶的统治工具的魔掌之中，但是我们决不认输。我们将战斗到底，我们将在法国战斗，将在海洋上战斗，我们将以不断增长的信心和不断增强的力量在空中浴血奋战。不论付出多少代价，我们依然要保卫我们的岛屿，我们将在海滩上战斗，我们将在登陆地点战斗，我们将在农田和街道上战斗，我们将在山中战斗。

我们决不投降，即使这个岛屿，或者它的一大部分土地已被征服，或者挨冻受饿——我一点也不相信会发生这种情况——我们那个由英国舰队所武装和保卫的海外帝国，也将战斗下去，直到新世界在上帝认为适当的时机挺身而出，用它的全部力量把旧世界援救和解放出来为止。

在德法战争的第一阶段，德军所到之处，如秋风扫落叶，德军在比利时和法国北部实施的毁灭性打击，导致比利时全军覆灭，法军损失 30 个师，英军损失9个师。法军新任总司令兼英法盟军司令魏刚组织了49个法国师、2个英国师，凑成3个集团军（第六、第七、第十集团军）驻扎在索姆河和埃纳河一线。这一防线东西大约480公里，即"魏刚防线"，调集17个师驻守马奇诺防线。两条防线连接起来，抵挡南下的德军。

# 第五章

# 凯旋门在啼血

一队队德国军人带着胜利的微笑迈着整齐的步伐通过凯旋门。这个时候，法国政府大厦楼顶和埃菲尔铁塔的顶端高高飘扬着的是德意志第三帝国的"卐"字旗。巴黎市民从自家窗户望出去，看到这面陌生的旗帜，有种说不出的痛，他们的心在滴血。

## ◎ 铁拳砸向法兰西

随着敦刻尔克大撤退进入尾声，法国北方的战事也已基本结束。法国总统勒布伦问，法国是否有权考虑媾和建议。雷诺说，法国有义务与英国政府商议此事。显然，政府的许多成员正在转而考虑不得不投降的可能性。雷诺设法减少政府成员中的投降派人数。

大海阻挡了德军坦克的前进，德军转头南下，深入法国腹地准备进攻巴黎。

在德军占领荷兰、比利时、卢森堡和法国北部的时候，希特勒就制订了代号为"红色方案"的法兰西第二阶段作战计划。"红色方案"作战计划要求德军装甲部队挥师南下，彻底打败法军。希特勒早已打定主意，要占领法国首都，彻底征服这只不可一世的高卢雄鸡。当敦刻尔克还在激战时，希特勒就踌躇满志地调整部署，准备向巴黎进军了。

6月2日晚，德国陆军总司令布劳希奇打电话给希特勒，报告敦刻尔克战役胜券在握，拥有 136 个师的德国陆军没有受到什么损失，接下来将以 2∶1 的优势实施"红色方案"，彻底击败法国。尽早实施"红色方案"，对于希特勒而言，有心理上和政治上的因素，那就是必须尽快占领凡尔登。

希特勒在纳粹党军官和私人卫队的簇拥下，巡视了比利时和佛兰德战场。5 月末，意大利使者曾给希特勒带来了墨索里尼的建议，说意大利准备在 6 月 5 日攻打法国的阿尔卑斯山边界。希特勒认为，墨索里尼的举动很可能使世界舆论产生错觉，仿佛是意大利的"第二战线"而不是他的"红色方案"导致法国垮台，于是希特勒叫墨索里尼少安毋躁。

6 月 3 日，希特勒对他的将领们发表了讲话，简要介绍了"红色方案"的内容，并告诉将领们意大利即将参战。为了迅速扩大战果，尽早占领法国，德军一面向敦刻尔克进攻，一面按照"红色方案"的要求调整兵力。

"红色方案"计划分 3 个阶段：第 1 阶段，在海峡和瓦兹河之间向塞纳河下游推进，直逼巴黎，目的是以右翼少量部队配合和掩护晚些时候开始的主要作战行动。第 2 阶段，陆军主力部队开始发动进攻。强大的装甲部队和摩托化部队经兰斯两侧向东南方向实施突击，打垮位于巴黎 - 梅斯 - 贝耳福三角地区的法国陆军主力，摧毁马奇诺防线。第 3 阶段，及时支援这一方向的主要作战行动，手段是实施辅助作战行动，在圣阿沃尔德和萨尔布吕肯之间敌军防守力量最薄弱的地段突破马奇诺防线，以较弱的兵力向南锡 - 吕内维尔方向实施突击。

这一天，德国空军向法国机场和后方实施了猛烈轰炸。英国驻法国大使坎贝尔提醒英国政府：法国一旦投降，德国一定会夺取法国的舰队。坎贝尔的报告引起了英国军方的高度重视。

6月4日，也就是敦刻尔克陷落的当天，法军总司令魏刚发布命令：固守索姆河防线至6月15日，届时预备队即可进入阵地。

6月5日，"红色方案"开始实施，纳粹德国彻底吞并法国的序幕就此拉开。希特勒发表《告军人书》，煽动德军加快占领巴黎的步伐，他说这是"历史上一次最大的战役"。

天蒙蒙亮，庞大的德军轰炸机群便出现在法国腹地。惊天动地的爆炸声过后，法军的许多重要目标变成一片瓦砾，巴黎附近的空军基地受损最为严重，数百架战斗机毁于一旦。制空权完全掌握在德军手中。

德军B集团军群向从海岸到佩罗讷以南的法军阵地发起猛攻。但是，他们遇到了法军的顽强抵抗。不久，战局发生了变化。霍特的装甲军（辖2个装甲师）在阿贝维尔取得了大的进展，经过一昼夜猛攻，不仅突破了法军的防御，还向前推进了10公里。法军第十师撤到博韦西南地区。2000多辆坦克横冲直撞，100多个德国师如入无人之境。

此时的法国总理雷诺十分沮丧，因为总司令魏刚向他报告说，法军已经精疲力竭了。贝当也认为，趁法国还有足够的军队维持秩序到和平来临的时候，要求停战。雷诺任命84岁的贝当为副总理，期望借助这位老元帅昔日的功绩和声誉，拯救法国于危难。可惜，此时的贝当已非一战时的英雄。

对于法国目前的处境，贝当认为已无可挽回，法国要想打赢这场战争是毫无希望的，但他可以成为一个战败民族的保护人。此时的贝当已经没有丝毫斗志。魏刚在连吃败仗之后，也是力主停战求和。

法国总理雷诺夜晚开会再次改组政府，任命戴高乐为国防部副国务秘书，负责协调与英军的行动。当时，法国激进社会党在政府中仍有以国务部长贝当为首的一些代表，他们不再反对达拉第免职。雷诺内阁的成员从 11 人减到 8 人，包括雷诺、贝当、路易·马兰、伊巴内加雷、芒代尔、莫内、多特里、戴高乐。雷诺任命了一些并非议员的专家。财政部的秘书长布蒂耶被雷诺视为心腹。报纸编辑让·普鲁沃斯特负责情报部。雷诺的好友博杜安升任外交部副部长和作战会议的副秘书。

戴高乐是在第 2 天得到任命书的。他显得很平静，因为事先已有耳闻。6 月 1 日，走马上任不久的总司令魏刚将军召见戴高乐时，戴曾顺道拜访过雷诺。雷诺尽管希望战斗到底，希望法国获得最后的胜利，但是他的周围是一大群失败主义者，包括掌握军政大权的高官们，甚至极受雷诺宠幸的情妇德波尔泰夫人。

雷诺要戴高乐去见丘吉尔，让他向英国政府表明法国将继续战斗，更重要的是让他设法从伦敦获得一个承诺，保证皇家空军特别是战斗机将继续参加法国的战斗，还要探询一下撤离敦刻尔克的英军需要多长时间才能重新装备起来，返回法国继续作战。

要在法国继续作战，只有撤到一个预先选好的地方，作为桥头堡来坚守。雷诺于 5 月 31 日曾指示过魏刚，要他对建立阵地的可行性进行调查。在魏刚看来，雷诺是把信心寄托在象征性的作战姿态上了。雷诺于 6 月 8 日与戴高乐讨论了该计划。戴高乐在《战争回忆录》中说："差不多句句深深地印在我的心头。"

当时的魏刚虽然镇定自若，实际上已经决定停战了。他甚至说："法兰西帝国，只是一个玩笑而已！至于全世界，当我在这里被打败之后，英国人用不了一个礼拜就会和德国人谈判。"

戴高乐听了魏刚的话后，感到非常吃惊。他告诉魏刚，他的看法与政府的意图正好相反，纵使战争失利，政府也不应该放弃斗争。在魏刚的总部所在地，戴高乐与来请示工作的各个参谋部的熟人交流了看法，大家一致认为这场战争输定了，只有尽快结束战争才是最好的解决办法。

　　戴高乐再次会见雷诺，并开门见山地建议撤消魏刚的总司令职务，由洪齐格尔将军接任。然而，雷诺的回答含糊其词，原则上同意了戴高乐的意见，但认为这个时候进行人事变动将会动摇军心。

## ◎ 雷诺食言了

6月6日，希特勒离开设在德国西部边界一个小山坡上的战地司令部，前往比利时南部的一片森林，那里刚刚赶造了他的新大本营，代号为"森林草地"。希特勒要在这里指挥这场战争，直到彻底消灭法国为止。

德军继续不断推进。在索姆河中部，法军进行了顽强抵抗，德军的进攻一度受阻。在西部，霍特的装甲军继续向前推进，第四集团军利用所属装甲军的战果迅速扩大突破口，击退英国远征军第一装甲师的阻击，把阿尔特梅耶的第十集团军分割成左右两翼，将其左翼逼至海边，迫使右翼的法军向塞纳河一带撤退。

危急关头，法共中央建议法国政府发动人民武装，组织巴黎防线，呼吁："组织巴黎的防御是头等重要的民族义务。为此，必须做到：1.改变战争的性质，把它变为争取祖国自由和独立的人民战争；2.释放共产党议员和共产党积极分子以及几万名关在监牢和被拘禁的工人；3.立即逮捕隐藏在议会、政府各部乃至总参谋部的敌方奸细，并严加惩办；4.立即宣布招纳民兵；5.武装人民，将巴黎变成坚不可摧的防御要塞。然而，法国总理雷诺没有接受法共中央发动人民进行全民抗战的建议，这样便加快了法国灭亡的脚步。

6月7日，德军突破了法军奥尔努瓦－普瓦防线（突破口长达15公里），继续朝福尔日莱索和鲁昂推进。法军第十集团军在欧马勒地区被分割成两部分后，撤至西海岸圣瓦莱里－昂科一带，最后向德军投降。由于德军第四集团军的快速推进，其他部队的进攻也加快了。德军第六集团军向贡比涅推进，迫使法军第七集团军后撤。德军第九集团军在苏瓦松附近强渡埃纳河，迫使法军第六集团军左翼撤退。法军急忙在塞纳河口、瓦兹河的蓬图瓦兹经过桑利斯到乌尔克河地区建立起新的防线。隆美尔的第七装甲师冲垮防守在阿贝维尔－亚眠一带的法军第十集团军，其他德军各师陆续从这一缺口冲过。

同日，英国第一海务大臣达德利·庞德海军上将等人开会研究法国海军舰队问题。他们认为最好的解决办法是让法国舰队沉入海底，这是千载难逢的好机会。如果法国人不忍心凿沉自己的船只，英国人可以帮他们。

6月8日，希特勒签发第14号作战指令，命令德军消灭法国境内敢于抵抗的一切力量，以尽快实现占领巴黎、征服法国的战略意图。


领袖兼国防军最高司令　领袖大本营

国防军指挥局／国防处 1940 年 6 月 8 日

1940 年第 33071 号绝密文件

仅传达到军官

第 14 号作战指令

第六集团军右翼和中央的正面，敌军正在负隅顽抗。鉴于此，依据陆军总司令的报告，我批准今天上午 B 集团军群可以采取如下行动：

1. 牵制第六集团军正面之敌军兵力；

2. 第十四步兵军支援第四集团军左翼方面；

3. 东南方向的第四集团军主力和西南方向的第六集团军左翼兵团对敌军施加压力，以便歼灭第六集团军当面的敌强大兵力集团。

另外，我命令：

1. 第 13 号指令规定的作战基本意图保持不变，即对位于蒂耶里堡 - 梅斯 - 贝耳福三角地区内的敌军实施毁灭性打击并摧毁马奇诺防线。

由于第 1 阶段作战尚未结束，巴黎以北地区还有敌军负隅顽抗，所以在塞纳河下游地区和巴黎当面暂时仍须保留比原先预想的更多的兵力。

2. A 集团军群应根据第 13 号指令于 6 月 9 日在南方和东南方向发起攻击。

3. 第九集团军南进向马恩河地区发动突击。尽快将第十四步兵军（包括已派往那里的党卫队部队和党卫队 "骷髅" 师）配属给该集团军。预备队务必在 2 个集团军群的接合部及时跟进。

4. 至于第九集团军将来的突击方向，该集团军是留在 B 集团军群还是转隶 A 集团军群，最终由我决定。

第 13 号指令的补充规定中确定的空军的任务是：

1. 支援地面部队对 D 集团军群当面敌军主力翼侧发动向心突击；

2. 警戒 B 集团军群右翼的海岸地带和布雷斯勒河地段的西南地区，

并对上述地带和地区提供强有力的歼击机掩护。

3. 增援主攻方向的 A 集团军群向前突进。

（签字）阿道夫·希特勒

此时，隶属 A 集团军群第四集团军的霍特的第十五装甲军已推进至巴黎以西 60 公里处，在鲁昂地区逼近塞纳河。法军第七集团军被迫后撤。博韦弃守，贡比涅受到威胁。同一天，隆美尔的第七装甲师也抵达了塞纳河畔。

为了摆出一副保卫巴黎的姿态，法国最高统帅部集结了 1 万名士兵，配备 200 门反坦克炮和数百挺机枪，驻守在通向首都交通要道上新修的 400 个地堡内。另外，还增加了 30 辆坦克，并设置了长达数公里的反坦克障碍物和壕沟。9 日，魏刚命令部队沿巴黎城防工事建立一道防线，由卫戍司令皮埃尔·赫林将军指挥的新编"巴黎集团军"负责。

6 月 10 日，隆美尔的装甲师又向前推进了 80 公里，切断了法军第九军和英军第五十一师的退路。德军装甲师在塞纳河下游 2 次强渡成功，迫使驻守巴黎以西和以北的法军全面后撤，整个防线濒临崩溃。

法国总理雷诺致电美国总统罗斯福："敌军马上就要兵临巴黎城下了，我们将在巴黎前方战斗，我们将在巴黎后面战斗，我们将在一个省聚集力量进行战斗，万一被赶出该省，就在北非建立根据地继续战斗，必要时我们将在美洲属地继续战斗。政府一部分已经撤离巴黎。我正准备去前线，目的是让我们所有的部队继续战斗，而不是停战。"

然而，雷诺食言了。他并没有上前线，而是在当夜零点撤往巴黎南部 250 公里处的奥尔良市。从 5 月底至 6 月初，雷诺和魏刚等人始终没有决定是否在巴黎城内进行强有力的抵抗。到了 6 月 9 日，他们仍未就是否在巴黎抵抗的问题做出决定。为保卫首都巴黎集结的 1 万名法军却在等待着高层的命令。

## ◎ 丘吉尔为谁奔忙

就在法国危在旦夕的时候，意大利总理墨索里尼背后狠狠插了一刀。墨索里尼于 10 日匆忙对法宣战，并即刻诉诸行动。蓄谋已久的墨索里尼说："我只要付出几千条生命作代价，就可成为战争参加者坐到谈判桌旁。"

6 月 11 日，意大利集中乌姆贝托指挥的西方集团军群对法开战。西方集团军群共 22 个师，32.5 万人，约 3000 门火炮和 3000 门迫击炮。这时的法军已经撤走一部分投入索姆河和埃纳河一线对德作战，法意边界上的法军只有 6 个师，17.5 万人，远远少于意大利军队的数量。

法军占据着有利地形，加上意大利军队的无能，墨索里尼没能在战场上捞到什么好处，但这却给法国增加了压力。雷诺痛心地说："意大利人是多么杰出的高贵的令人敬佩的民族，这个时候在我们背后插了一刀。"法国空军司令维耶曼亲自强烈要求推迟对德国和意大利的轰炸计划，因为这样做会引起轴心国对法国的疯狂报复。

晚上，英国首相丘吉尔和法国总理雷诺在布里阿尔附近的来居厄堡的一座别墅举行会谈。

法国方面参加会谈的有：军事顾问贝当元帅、法军总司令魏刚将军、空军上将维耶曼，还有其他一些人，其中包括级别较低的戴高乐将军。英国方面有：帝国总参谋长迪尔、陆军大臣艾登及其他一些相关人员。

丘吉尔极力劝说法国政府保卫巴黎。他强调，在大城市内进行巷战可以消耗敌军大量兵力，并对敌军心产生极大的威慑作用。他还向贝当元帅追述起1918年英军第五集团军惨败后，在博韦的列车中他们一起度过的那些夜晚。丘吉尔故意不提福煦元帅，单单提他如何扭转了当时的局面，并背诵了原任法国总理克里孟梭说过的话："我决定在巴黎的前面作战，在巴黎的城里作战，在巴黎的后面作战。"贝当元帅平静庄严地回答："在那个时候我可以调动60个师以上的大军，可是现在1个师也没有。"他说，那时战线上有60个师的大军，就是把巴黎化为灰烬也不会影响最后的结局。

接着，魏刚就他所知的情况报告了距此80公里的战场形势。他要求各方面增援特别是英国所有战斗机中队应当立即投入战斗。他说："这里是决定点，现在是决定性的时刻。因此，把任何一个空军中队留在英国都是错误的。"

丘吉尔说："这里不是决定点，现在也不是决定性时刻。不过，这个时刻马上就要到来，那就是希特勒调动他的空军向大不列颠大举进攻的时候。如果我们能够保持制空权，如果我们能够保持海上交通畅通无阻，我们将替你们夺回一切。"

为了保卫大不列颠和英吉利海峡，英国人将不惜任何代价保留25个战斗机中队，无论发生什么事，他们也不放弃。英国人坚信放弃这些空军中队等于失去了生存的空间。

在谈到某一点时魏刚说，法国或许将不得不要求停战。雷诺立刻喝阻他："那是政治问题。"丘吉尔马上说："如果法国在苦难中认为最好的办法是让陆军投降，那就不必为了我们而有所犹豫，因为不管你们怎么做，我们将永远永远永远战斗到底！"

当丘吉尔提到法军不管在任何地方战斗到底都能够牵制或消耗德军100个师时，魏刚说："即便那样，他们也可以拿出另外的100个师来进攻和征服你们。到那时你们又怎么办呢？"

丘吉尔说："阻止德军入侵大不列颠的最好的方法就是在半路上尽量淹死他们，余下的人一爬上岸，就敲碎他们的脑袋。"

魏刚苦笑着说："不管怎样，我必须承认你们有一道很好的反坦克屏障。"

关于这次令人苦恼的会谈，事后丘吉尔道出了他对参加会谈的法国人的印象："贝当在这个关键时刻是一个危险人物，他向来是一个失败主义者，就算在上次大战中也是如此。"但是，丘吉尔对戴高乐给予了很高的评价，他说："戴高乐将军赞成打游击战，年少有为，朝气蓬勃。"

看到贝当和魏刚等人的投降之心已定，丘吉尔也就不好说什么了，只得打道回府。他刚一离开，贝当和魏刚就匆匆宣布巴黎为不设防城市。

可惜，当天赫林将军还在召集塞纳河地区的各县县长和警察局长开会，要求他们死守巴黎。丘吉尔劝说法国当局不要放弃巴黎，而魏刚等人悲观到了极点，下令法军撤出巴黎，撤到图尔，只留下警察局维持治安。当时，法国政府各部在混乱状态中分散在都兰省的各地，彼此间靠信差联络信息。

6月12日，法军第九军和英军第五十一师向隆美尔的部队投降。在 B

集团军群发起攻击后，左翼的龙德施泰特 A 集团军群也于 6 月 9 日在埃纳河发起渡河攻势。同时，德军在战线东端的苏瓦松至阿登山脉之间的 150 公里地带也发动了进攻。

德军采取左右夹击战术。古德里安的装甲部队不仅突破了隆吉永地区的法军阵线，从西南方包抄了马奇诺防线，而且向南突进，瓦解了法军的整个防御体系，最终从东面直逼巴黎。德国最高统帅部把 B 集团军群的克莱斯特的装甲军从贡比涅以北地区抽调到东面。这样一来，A 集团军群集中了 8 个装甲师的兵力，向法军防线发动猛攻。法军用 3 个预备队师的兵力组织反击，但没有成功。成群结队的法军俘虏将枪支丢给德军，放在坦克下边轧毁。德军的坦克和飞机使法军士兵心生恐惧。

当天，法国总理雷诺在康热召开会议。法国内阁产生了严重分歧。以总理雷诺为首的，包括戴高乐将军在内的一些人员属于主战派，他们呼吁继续战斗；以魏刚、贝当为首的相当一部分人属于求和派，他们主张立刻停战谈判。魏刚说："部队已经垮了，我们输定了。"在此后的 5 天里，法国政府讨论的主要是停战问题。

同一天，英国首相丘吉尔致电美国总统罗斯福，在电报中谈到了对法国统帅部领导人的印象："我在法国最高统帅部度过了昨夜和今天早晨，魏刚将军和乔治将军以最严重的措辞向我说明了此时的形势。法国前线一旦崩溃，巴黎陷落，魏刚将军正式向他的政府提出法国已不能再继续他所谓的'协同作战'时，形势的演变如何是一个很实际的问题。年老的贝当元帅在 1918 年 4 月和 7 月间表现得并不怎样好，我很担心，他现在要用他个人的名声和威望替法国缔结一项和约。另一方面，雷诺则主张战斗下去，他手下有一位年轻的戴高乐将军，这位将军认为大有可为……据我看来，在法国一定有许多人愿意继续战斗，或者是在法国，或者是在法属殖民地，或者是在两个地方同时进行……"

6月13日，丘吉尔乘飞机来到法国，这是法国投降之前丘吉尔进行的最后一次访问，当时的形势更加紧张。丘吉尔由英国代表们陪同，来到图尔与雷诺会谈，陪同雷诺的是博杜安。雷诺认为，应当趁法国还有足够军队维持秩序到和平来临的时候，要求停战，这也是法国军方的意见。

丘吉尔在会谈开始时说："大不列颠认识到法国已经遭受和正在遭受的牺牲是多么大。现在该轮到英国做出牺牲了，英国对此已有所准备。由于在法国北方采取双方同意的战略，战事遭受挫折，英国发现目前在地面作战方面的贡献太小，因而感到悲痛。英国人还没有尝到德国皮鞭的滋味，但是完全知道那是多么厉害……不管发生什么情况，英国都要战斗到底。英国没有也从来不会改变它的决心：不讲和，不投降。不战胜，毋宁死！"

雷诺认为，法国本土没有一块地方能使真正的法国政府逃脱敌人的俘虏。他说："法国已经尽了最大努力，贡献了它的青春和热血。法国已经无能为力了，已经再拿不出什么东西贡献给共同的事业了，因此它有权单独媾和，这并不违背3个月前签订的庄严协定中包含的团结一致的精神。首相先生，你是否承认呢？"

对于雷诺提出的单独媾和问题，丘吉尔认为在这个时候提出来，是非常严重的，所以请求在他做出答复前，让他和他的同僚出去商议一下。于是，哈利法克斯勋爵和比弗布鲁克勋爵以及其他随行人员随丘吉尔来到一个花园，在那里谈了半小时。

回到会议室后，丘吉尔重申了英国的立场："不管发生什么情况，我们都不能同意单独媾和。我们的目的是彻底击败希特勒，彻底击败纳粹德国，我们认为我们仍然可以做到这一点，因此，不赞同解除法国的义务。不论发生什么情况，我们都不责难法国，但这和同意解除它履行诺言的责任是两回事。"

雷诺表示同意，并且答应说，法国将一直坚持到知道他最后呼吁的结果为止。话虽如此，但丘吉尔知道法国人想媾和的想法已经无法挽回了。临行之前，他向雷诺提出了一个特别的请求："400多名德国飞行员（大部分是英国皇家空军击落的）囚禁在法国，考虑到目前的形势，应该把他们交由我们看管。"雷诺欣然允诺，但是不久之后，随着他的下台就没有权力履行这个诺言了。

## ◎ 巴黎，落入魔掌

6月13日，法军守卫巴黎的部队撤至巴黎以南的朗布依埃－儒维西一线。17时10分，德军先头部队抵达巴黎北郊。随后，德军 B 集团军群所属部队包围了巴黎。

魏刚担心巴黎突然出现无政府状态，发生血腥大清洗，但是贝当考虑的是如何复兴法国。二人都不想继续抵抗，因为在欧洲，打仗经常是"国王们的游戏"，比赛者是同一个欧洲王室的成员。在战胜对方后，胜利一方王室总是宽宏大量，不会把失败的堂兄或堂弟搞得家破人亡。欧洲各国把战争看成是军事上的角力，不会随意屠杀平民。法国既已战败，为了和平，自然就应该付出高昂的代价。于是，以副总理贝当和总司令魏刚为首的投降派宣布巴黎为不设防城市，并向德国政府正式提出停战请求，出卖了法国和法兰西人民。

巴黎城防司令不战而交出巴黎，严令镇压人民反抗，并向群众宣布：凡从事抵抗者格杀勿论。或许，抵抗确实会引发可怕的破坏和大量伤亡，但是放弃首都无疑是对法国人民心理上的沉重打击。当听到政府要放弃保卫首都的命令时，法国作家莫鲁瓦这样说："就在那一刻，我知道一切都完了。法国失去了巴黎，成了一个无头的躯体，我们战败了。"然而，丘吉尔此时还在极力主张法国建立防御阵地。英军很快就在法国西部集结了一支部队，由阿兰·布鲁克将军指挥。

6月14日，布鲁克与魏刚在布里阿尔会晤，商讨布列塔尼阵地的防务工作。由于大家都对执行这个计划没有信心，法国西部的英国军队在当天晚上就撤走了。

德军大获全胜，这时法国政府开始讨论造成法国战败的原因。贝当提出了这样的看法，这后来成为维希政府的说辞，即战败是议会民主制政府的软弱无能造成的。他反对把战败的责任加在法国军队头上。然而，不管怎么说，法国军队都不得不忍受装备上完全胜过自己的德军装甲部队的摧残。

此外，法国军队的官僚作风无法适应新式打法。前任总司令甘末林对军队的部署和战役计划出现了严重的错误。德军突破防线，其作战速度和新的进攻方法完全击垮了法国军队。法国军队高层一片混乱，士兵则完全丧失了斗志，军纪松懈，抢劫行为频频发生。就在各路军队拼命抵挡德国装甲部队的时候，受到一群群难民的冲击，惊慌的难民失去了理智，争先恐后地逃命。

德军以第九军为前锋，一枪没放便占领了巴黎。一战时，德国军队曾两次逼近却始终没能占领巴黎，这次希特勒和他的部队达到了以往没能达到的目的。德军总参谋长哈尔德称这一天为"德国陆军史上一个伟大的日子"。负责进攻巴黎的B集团军群总司令博克兴冲冲地赶到巴黎，在协和广场举行了第九师的临时阅兵式。随后，他又来到举世闻名的香榭丽舍大街检阅了第八和第二十四师的部队。

一队队德国军人带着胜利的微笑迈着整齐的步伐通过凯旋门。这个时候，法国政府大厦楼顶和埃菲尔铁塔的顶端高高飘扬着的是德意志第三帝国的"卐"字旗。巴黎市民从自家窗户望出去，看到这面陌生的旗帜，有种说不出的痛，他们的心在滴血。

然而，法国的报纸像他们的军队一样，愚昧无知、自鸣得意、盲目乐观的文章随处可见。什么"敌军在全线受阻停步不前""敌军伤亡惨重"，甚至自欺欺人地报道："法国空军已经重创敌军坦克。"与此同时，在法国，赖伐尔、保罗·富尔和社会党内的许多和平主义者以及各种类似法西斯和亲德的团体纷纷策划阴谋活动。

随德军先头部队进入巴黎的美联社记者罗西洛亲眼目睹了巴黎沦陷、法国人国破家亡的悲惨景象，他是这样描述的：

6月14日，进入法国举世无双的首都巴黎时，在我心中留下了难以磨灭的记忆。我站在巴黎的街头，昔日精彩、欢乐、熙攘的大都市如今成了一座死城，简直太不可思议了。然而，它的确变成了一座死城。这座世界名城竟然落在德军手里，太出乎人们想象了，然而它真的被德军占领了。

假如，你到过巴黎，请想象一下：协和广场前，没有了昔日拥堵的车流，没有了四处叫喊的卖报人，没有了一脸严肃的警察，也没有了边走边聊的行人。所有这些，原是这个广场的景色，如今什么都没有了，只有一片沮丧的死寂。死寂偶尔被德军军官乘坐的汽车声所打破，它们正驶往克里隆旅馆——德军临时设立的总部。旅社的旗杆上，德国国旗在微风中猎猎飘扬。

像协和广场这样的景象，巴黎处处都是。昔日活力无限的林荫大道、两旁排列的咖啡馆以及坐满了为促进食欲而品啜的巴黎人，如今却空无一人。香榭丽舍大道上只有一家咖啡馆还在营业。巴黎闻名于世豪华的旅社，只能隐没在百叶窗后面。我们看到，在埃菲尔铁塔塔顶，外交部、市政厅的旗杆上，最奇怪的是在凯旋门上，德国国旗取代了法国的三色旗……

进入巴黎时，天还没有黑下来，我们在市区中心做了一次缓缓的巡行。第一处具有历史意义的地方是凯旋门，献给无名英雄的纪念碑和长明火，巴黎只有在这里聚集了许多人。

他们都是难以形容的可怜人——悲戚的母亲和妻子以及低声哭啼的孩子，还有满面泪痕的白发老翁。

6月16日，是个星期天，无名英雄墓前出现了另一幕景象，使我深深感到了法国人的悲剧和德国人的志得意满。布鲁森将军麾下战功赫赫的一个师，步伐整齐地穿过凯旋门，在香榭丽舍大道举行庄严的分列式，然后开往福煦路。

对于法国人来说，这是一种前所未有的羞辱。

对于德国人来说，这是《凡尔赛和约》后，每一个德国民族主义分子梦寐以求的荣耀。

此时的巴黎，世界著名的大都市，如今已是十室九空。法国国内难民多达 600 万人，在法国各种道路上人流川流不息。德军占领巴黎后，希特勒摆出了一副猫哭耗子的姿态。他的一位秘书抄录了他的一段谈话："我无法相信 6 个月之后战争还将继续下去。昨天在巴黎开了一个军事会议：魏刚宣布巴黎战败了，并提议单独和解。贝当支持他的提议，但是雷诺和一些其他成员声色俱厉地向他提出抗议……明明清楚当前的局势，却仍然命令你的士兵继续战斗，直至战死，这实在是太不人道了。"

6 月 15 日清晨，法国总理雷诺在接见英国大使罗纳德·坎贝尔时说，他已断然决定将政府分成两部分，其中政权中心设在海外。雷诺显然已经认识到，在法国进行的战争结束了，但他仍然希望法国舰队继续战斗下去。

6 月 17 日，古德里安的装甲部队抵达瑞士边境城镇潘塔里尔，切断了马奇诺防线法军撤往瑞士的退路。

6 月 18 日，两个独裁者希特勒和墨索里尼在慕尼黑会面。此时的墨索里尼已非昔日目空一切的墨索里尼了。在希特勒面前，没有了吹嘘的资本，因为希特勒没有依靠他国帮助，单枪匹马依然大获全胜。墨索里尼向法国宣战，在军事上只不过是个幌子，在政治上是在赌博。

此刻，这位意大利大独裁者显然是彻底屈服了，他不得不承认希特勒是很有能力的。会谈结束后，两人在明信片上签了名，以此作为留念。墨索里尼以刚劲有力的笔触写下了"英雄造时势"，而希特勒却是以秀气的笔迹写出了"时势造英雄"。

从两个人的题词不难看出，将来的主导权非希特勒莫属。

# 第六章

# 马奇诺防线成了摆设

德军攻占了整个马奇诺防线，50万法国守军大部投降，只有极少数部队逃入瑞士境内。马奇诺防线坚不可摧的神话在德国人面前仅仅支撑了7天，法国人的最后一点自信心彻底被打垮。

## ◎ 防线被突破

　　巴黎在呜咽，凯旋门在啼血，大多数法兰西人在为祖国的前途和命运担忧。不过，也有不少人依然对战争抱有很大希望，因为他们始终相信法兰西还有固若金汤的马奇诺防线。

　　法国人原本认为，莱茵河是天然屏障，沿岸的机枪掩体能够阻挡德军钢铁战车前进的步伐，因为重型火炮会造成河堤决口。然而，他们却没有把平射炮考虑进去。这种炮的威力小，很难造成河堤决口。德军的平射炮、斯图卡轰炸机和配备炸药包的德军步兵协同作战，可以轻易端掉岸上一个个机枪掩体。德军炮兵还发明了一种简单的战术来对付小型工事，用平射炮反复轰击防御工事，8 次炮击就能摧毁一个小工事。

　　德军对轻易攻占拉费泰的一座大型地下工事感到心满意足。马奇诺防线最西端的拉费泰地下工事在色当城几英里外，德军进攻时，一颗炮弹从观察孔射进观察所，里边的 3 个法军战士当场身亡。在烟幕弹的掩护下，德军步兵冲进去，把手榴弹、烟幕弹和炸药包扔进洞口，爆炸所产生的烟雾和毒气充满了工事地道。24 小时后，在这座大型工事里面第一次袭击后幸存的 106 名战士因防毒面具失效窒息而死。德军对此次胜利大肆宣扬，但拉费泰并不是马奇诺防线中的重要工事，它修建得很晚，建的时候资金都快枯竭了，加上时间紧，火力配备很少，仅仅是一座碉堡而已。

1940 年 6 月，德军 A 集团军群左翼插入马奇诺防线后面，这条防线驻守着数十万法军。希特勒要求 A 、C 两个集团军群协同作战，一举消灭防线内的法国军队。

6 月 13 日，希特勒下令发动"猛虎攻势"，德军开始对马奇诺防线发起总攻。经过两天战斗，德军占领了萨尔布吕肯地区前面的全部堡垒，突破了主要防线。德军在萨尔地域展开大规模行动，动用了大量武器，包括从平射炮到加农炮群的所有重型武器。

德军将加农炮群放到马奇诺防线的火炮射程之外，对防线发动猛烈攻击。德军的斯图卡俯冲轰炸机把重达 250 公斤的炸弹抛向马奇诺防线。德军各种火力将马奇诺防线犁了一遍又一遍，不时还有炮弹直接命中观察孔，造成小的损失，但是躲在大型地下工事里的法军没有受到任何损失。

6 月 14 日，希特勒签发了第 15 号作战密令，要求德军彻底摧毁马奇诺防线，并追歼溃败的法国军队。

领袖兼国防军最高司令　领袖大本营

国防军指挥局／国防处 1940 年 6 月 14 日

1940 年第 33083 号绝密文件

仅传达到军官

第 15 号作战指令

一、敌军战线面临崩溃，正在撤出巴黎地区，已开始从马奇诺防线后面的埃皮纳尔－梅斯－凡尔登三角形要塞地区撤退。巴黎城墙上张贴的布告宣布其为不设防城市。

法国陆军主力部队有可能撤至卢瓦尔河后面。

二、根据敌我兵力对比及法国陆军的现状，从现在起可以同时完成如下两个作战目标：

1. 防止由巴黎地区撤出的或位于塞纳河下游的敌军设立新的防线；

2. 全歼 A 集团军群和 C 集团军群当面之敌，并彻底摧毁马奇诺防线。

三、关于陆军继续作战问题，我命令：

1. 陆军右翼部队沿海岸向卢瓦尔河河口方向推进，另一路从蒂耶里堡地域出发向卢瓦尔河上游的奥尔良发动突击，勇猛追击塞纳河下游和巴黎地区的敌军；以强大兵力尽快占领巴黎；占领瑟堡和布勒斯特，以及洛里昂和圣纳宰勒海军基地。

2. 抵达夏龙地区的陆军中路部队，在特鲁瓦方向暂时待命，其装甲师和摩托化师向朗格勒高原方向推进，其步兵师向罗米伊－特鲁瓦东北地区推进；务必做好将来向卢瓦尔河中游推进的准备。

3. 陆军其他部队的任务是：歼灭法国东北筑垒地域的敌军，摧毁马奇诺防线，阻止敌军向西南方向溃退。

4. 萨尔布吕肯突击集群于 6 月 14 日通过马奇诺防线向吕内维尔方向

发起突击；尽早确定进攻上莱茵河地区的时间。

四、空军的作战任务

1.发动空袭，目的是保障陆军部队向卢瓦尔河突进，同时派出高射炮兵部队掩护该方向的陆军部队免遭敌人空袭；炸毁法国北部海岸港口和舰船，防止敌军从海上逃跑。

2.防止 A 集团军群和 C 集团军群当面之敌撤退，防止 A 集团军群右翼装甲部队当面之敌撤退是重点；切断敌军沿纳夏托－贝耳福一线向西南方向实施的铁路运输；同时支援 C 集团军群突破马奇诺防线；为 A 集团军群右翼提供防空支援，以利于其发动进攻，特别是对法国要塞的进攻。

（签字）阿道夫·希特勒

在希特勒签发"第15号作战指令"的当天，法国政府决定迁往波尔多。在波尔多，政府各部门安置在各种各样的办公室和学校中，周围是挤满了街道的难民，使波尔多的人口一下子暴增多倍。皮埃尔·赖伐尔发现时机已经成熟，便开始抛头露面。赖伐尔在波尔多市市长马尔凯的官署得到一隅之地。他的身边聚集了一批官员，包括贝热里、博内、皮埃特里、斯卡皮尼、德·蒙齐、戴阿、蒙蒂尼等人。此时，主要的决定权仍然在总司令魏刚和总理雷诺手中。魏刚和雷诺同意停战，但是对于如何停战，分歧很大。

皮埃尔·赖伐尔，生于1883年，法国政治家，社会党人，1914—1919年和1924—1926年，两度任职国民议会。20世纪30年代，担任过多个内阁职位，并于 1931—1932 年和 1935—1936 年两度担任法国总理。二战期间，支持菲利普·贝当上台。法国沦亡后，在希特勒支持下，1942 年 4 月出任总理，此后一直左右贝当政府。法国光复后，1945 年 10 月 9 日被巴黎高等法院以叛国罪判处死刑。

皮埃尔·赖伐尔

　　6 月 15 日，法国北部边境的马奇诺防线被突破，法军节节败退。法国总理雷诺在波尔多召开政府会议。雷诺指示魏刚下令停火，这样能够更快地制止伤亡。魏刚拒绝，因为投降会使军队蒙受耻辱，要求由政府宣布投降。贝当支持魏刚的想法，他认为战败是那些搞政治的人造成的，这些人使法军在毫无准备的情况下战败了。贝当建议雷诺向德国人询问他们同意停战的条件，如果这些条件无法接受，就撤出法国。

　　贝当说，询问停战条件并不一定就是接受。雷诺不想代表政府投降，而是希望军队投降，至少不是他在投降书上签字，于是向总统勒布伦提出辞职，但遭到拒绝。

　　会后，雷诺将法国政府的决定照会英国政府，照会中提及法国舰队问题："法国总理授权向英国声明，把法国舰队交给德国被认为是不能接受的条件。"法国政府在舰队问题上表态的目的是换取英国对法国单独投降的认同。

　　这时，法国政府收到德军到处胜利的报告。到处都是被打散的法军部队，法军想守住战线，但随着不断地失败，战线变得越来越长。潮水般的难民和散兵涌向法国南部。这一天决定了法国的命运。法国国民议会议长赫里欧和参议院议长让·纳内派代表去见雷诺，要求将政府搬到北非，继续作战。代表们向政府提出了同样的建议。贝当说如果不谈判停战，他就辞职。

# ◎ 不谋战，只求和

美国总统罗斯福对雷诺在 6 月 14 日求援的呼吁答复说，美国无法提供任何军事援助。

雷诺等待丘吉尔的答复，丘吉尔的答复不久也来了。英国驻法国大使罗纳德·坎贝尔递交一份照会，同意法国投降，条件是法国舰队开到英国港口，交给英国使用。英国政府希望法国接受停战条件前，能够考虑英国的处境。接着，英国政府又发出照会，要求两国团结起来。这个照会把法国人完全搞糊涂了，造成了很多自相矛盾和互相指责的情况。法国人不明白，英国到底是什么态度。

6 月 16 日上午，丘吉尔在英国内阁会议上强调："在法国舰队的问题未落实前，决不同意法国的停战请求。为了消除隐患，英国应该以此作为同意法国停战的必要条件。"同时，丘吉尔在给法国政府的答复中，写道："关于禁止单独进行停战或媾和谈判的协定，是我国与法兰西共和国，而不是与法国某届政府或个别政治家缔结的，它关系到法国的荣誉。假定，也只是假定，法国舰队在谈判期间马上开到英国港口，则大不列颠政府完全同意法国政府就停战条件进行探询。"法国总理雷诺说："在需要法国舰队去阻击意大利海军以保卫地中海和北非时，却要求法国舰队驶进英国港口，这样做太蠢了。"

6月16日下午5时，雷诺再一次召开内阁会议。雷诺将英国首相丘吉尔提出的建立一个"法英联盟"的方案提交会议讨论。他对内阁官员们说，英国不同意法国停战，提出与法国联合起来抵抗纳粹德国。英国的这个方案产生的效果，与希望达到的效果适得其反。

在雷诺向内阁报告了英国和美国的答复后，以贝当元帅为首的一帮悲观主义者甚至拒绝对方案加以审查，他们提出了种种强烈的指责，说它是"到最后一分钟才拿出来的计划"，是"突然袭击"，是"一个把法国沦为保护国或者夺取它的殖民地的计划"。他们说，这会把法国的地位贬为英国的一个自治省，还有些人埋怨说，连平等的身份也没给予法国人，因为法国人只能取得英帝国的公民身份，而不是大不列颠的公民，但是英国人却可以做法国的公民。

除此之外，以法军总司令魏刚为首的投降派提出了许多其他论点。魏刚几乎没有费什么唇舌便说服了贝当，他认为英国已经完了，法国的最高军事当局说"不出3个星期，英国就会像一只小鸡似的被人拧住脖子"。在贝当看来，同英国联盟无异"同死尸结成一体"。内阁成员伊巴纳加雷在一战时曾是那样坚强，如今却大叫大嚷："还是做纳粹德国的一个省好一点儿，我们至少明白是怎么一回事。"魏刚的亲密朋友、参议员雷贝尔宣称，这个计划意味着法国的彻底灭亡，这无疑是让法国隶属于英国。

雷诺依然坚持他的观点："我宁愿同盟国合作而不愿同敌人合作。"但是他的话已经没有什么影响力了。德籍革命家、工人运动领袖曼德尔诘问魏刚的同伙："各位甘愿做德国的一个区而不愿做英国的一个自治省吗？"魏刚一再重复："法军已经崩溃了，完全崩溃了！"

会议倒向投降派一边，丘吉尔提出的法英联盟方案自然被抛弃了。这对于坚持战斗的雷诺来说，是一个致命的打击，同时也标志着他在内阁的影响和威望已告结束。其后，内阁会议的一切讨论便转到停战和探询德国的条件上去了。

英国人一直很关心法国的舰队，但他们就舰队问题发出的两封电报始终没有被提交到法国内阁会议上。英国人要求在同德国谈判前，法国舰队应开往英国港口，这一点始终没有获得雷诺内阁的考虑，雷诺内阁其实已经完全解体了。

在贝当和魏刚的提议下，内阁成员举手表决，13 人赞成贝当的建议，反对的有 6 人。雷诺看到政府中的大多数人已经抛弃了他，于是决定辞职。相对来说，雷诺倾向于让贝当组阁，认为贝当比激进党人更可取。当时，法国共产党极力反对这场战争，以此来支持苏联与德国结盟的政策。在法军防线全面崩溃、失败主义情绪笼罩内阁、英美无法提供直接援助的情况下，一向主战的雷诺感到无计可施，被迫于 6 月 16 日晚宣布辞去总理职务。勒布伦总统任命贝当为内阁新总理。

贝当这时要求担任政府总理，要他在以后当一个挂名的元首，那是再明显没有的了。贝当的任务是停止战争，作为必要的第一步，贝当和同僚们准备好了他们的政府，这个政府包括了大批认为必须停战的议员。对停战最强有力的支持者来自军队以及高级官员。新政府中包括达尔朗、亨茨格等一些军官和布蒂埃、佩鲁通等一些文官，结果与议会制政府背道而驰。博杜安当上了外交部长。赖伐尔感到非常失望，因为他一直在暗中谋取这个职位。

赖伐尔之所以没有当上外交部长，是由于魏刚听说赖伐尔有强烈的仇英心理，于是跟贝当说任命赖伐尔是危险的。贝当感到很为难，因为以前他曾经承诺过赖伐尔，最终只得被迫让步。贝当请赖伐尔担任别的部长，但赖伐尔只想当外交部长，不愿接受其他职务，他的朋友马尔凯也拒绝参加新政府。

贝当在他的就职演说中宣称"愿把自己献给法国，来减轻它的痛苦"。其实，老元帅贝当早被德军不可战胜的神话吓破了胆。早在5月18日，贝当离开马德里回国就任副总理时就流露出求和的念头。当时，他对佛朗哥说："我的国家被打败了，他们叫我回去谋求和平并签订停战协定……他们叫我回去照管这个国家。"回国赴职后，他非但没有很好地辅佐雷诺阻挡德军的进攻，而是利用自己的威望和影响，频频散布失败主义情绪，与魏刚一起，支持停战谈判。贝当在内阁会议上和魏刚一唱一和，反复说明停战的必要性，并试图说服雷诺政府留在国内，不要迁到北非继续抵抗。

从当时的情况看，法军的处境虽然危险，但法国仍有三分之二的领土没有沦陷，仍然可以组织起为数众多的士兵和坦克，另外有400架飞机完好无损。此外，法属北非三国（阿尔及利亚、突尼斯和摩洛哥）拥有丰富的人力、物力资源；名列世界第三位的法国舰队仍享有航线自由、海外港口安全等便利条件；法国的委任统治地叙利亚和黎巴嫩控制着通往伊拉克、伊朗和阿拉伯等国油田的咽喉要道；在太平洋上的新喀里多尼亚岛和塔希提岛又是重要的战略基地。鉴于此，法国仍有很多抵抗手段及回旋余地。

6月17日0点30分，贝当召开第一次内阁会议。新内阁中停战派占多数，停战投降自然就变得冠冕堂皇、理所当然。会议仅仅开了10分钟，睡意朦胧的内阁成员们一致通过决议请求德军最高统帅部停止军事行动。贝当让西班牙大使转交一份照会给德国政府，询问其停战条件。

## ◎ 6·18英雄

6月17日清晨，戴高乐一行到机场送别驻波尔多的英国陆军少将斯皮尔斯回国。戴高乐同英国人一一握手告别。就在飞机开始移动时，戴高乐突然快步走上飞机，随手"嘭"的一下关上了机舱门，飞机腾空而起。随同送行的法国其他官员和军警被突如其来的一幕弄得目瞪口呆，当他们意识到戴高乐是在有意出逃时，为时已晚，只能眼睁睁地望着载有戴高乐的飞机朝着伦敦方向飞去。

戴高乐逃亡的前一天晚上，前去看望刚刚卸任总理的雷诺。从雷诺住所出来后，他又去了英国驻法大使坎贝尔下榻的旅馆，说明他打算在第2天到伦敦去。斯皮尔斯将军表示愿意陪同戴高乐前往，于是，他们上演了机场送行的一幕戏。其实，戴高乐早就看出了贝当、魏刚等人要投降，他认为只有到海外去才是继续抵抗的最好出路。

戴高乐在伦敦的时候，曾电令预定驶向波尔多的法国轮船"巴士德号"

改变航向驶往英国港口。这条船上装有从美国运来的 1000 门 75 毫米大炮、数千挺机枪和大量弹药。这样，这批重要军火没有落到德国人手里，而重新武装了从敦刻尔克撤回的英国远征军。当时，戴高乐的职务是国防和战争部副国务秘书，其职责只是协调法军与英军的行动，他的这一行动显然超出了他的职权范围。戴高乐极力主战的鹰派立场受到内阁中占多数的停战派的排挤，所以他的出逃也就在情理之中了。

6 月 17 日中午时分，法国贝当政府停战求和的照会经西班牙大使转给了希特勒。德国最高统帅部的一名官员后来写道："希特勒听到这个消息时，高兴得跳了起来，我从未见过他如此开心放纵。"

这时的希特勒仍然命令部队继续进攻，彻底歼灭溃败的法军，他可不像法国人那么急不可待，他有自己深思熟虑的打算。

导致希特勒不急于答复贝当的首要原因是，他想利用法军已经停止抵抗的有利时机，展开全面进攻，加速追击败退的法军，更多地占领法国各重要地域。就在贝当向全国发表停战广播讲话的时候，希特勒命令装甲部队急速推进，越过卢瓦尔河上游的德军很快就占领了纳韦尔，直抵瑞士边境；另一支装甲部队 3 天时间推进了 200 公里，攻占了维希和里昂。到同法国停战谈判开始前，德军几乎完全控制了法国。

希特勒没有急于答复贝当的另一个原因是，考虑如何对待墨索里尼的领土要求问题。墨索里尼的胃口太大，意大利军队在战争最后关头才加入，且经过一个星期的战斗仍然没有取得什么进展。然而，这位意大利"领袖"要求由意大利占领包括法国海军在地中海最大的基地土伦港以及马赛在内的罗纳河流域，还有科西嘉岛、突尼斯、法属索马里和法国在阿尔及利亚、摩洛哥的海军基地。除此之外，法国还应把它的全部舰队、飞机、重武器和大量运输工具交给德、意。这些要求倘若如愿以偿，那就意味着意大利独揽地中海区域的霸权。

战争是希特勒打赢的，他意识到，法国政府继续留在法国领土上行使职权是必要的，"这样要比让法国政府流亡伦敦继续战斗要好得多"。此外，同一个仍然留在法国的合法政府签订协议，就可以省去直接管理这个国家的"不愉快职责"。这样，墨索里尼想吞掉法国大片土地的美梦就破灭了。希特勒为了安抚墨索里尼，答应他在法意停战条约签订前，德法之间的停战条约不生效。这算是墨索里尼此行得到的唯一"胜利成果"了。

还有一个促使希特勒不想马上答复贝当的原因，那就是法国舰队的问题。法国舰队在战争中受到的损失不大，除了已经成建制的舰艇 34 艘（包括 1 艘巡洋舰、11 艘舰队驱逐舰和 7 艘潜艇）外，法国舰队仍保存 7 艘战列舰、18 艘巡洋舰、1 艘航空母舰、1 艘飞机运输舰、48 艘舰队驱逐舰、11 艘驱逐舰和 71 艘潜艇，不包括较小的船只。

对于这样一支举足轻重的法国舰队，德国海军没有力量将其击败，如果让其投奔英国，那将会使英国海军的力量增强 2 ~ 3 倍。为此，希特勒一定要想出一个万全之策，确保这支舰队不会投入英国海军舰队的行列。他想先同法国政府达成一项协议，使该舰队不再起用，其他问题留待将来解决。

6 月 17 日下午，贝当向全国发表广播演讲，称当务之急是停止战争行动，与德国达成体面的和平。贝当沙哑着喉咙说："现在，我怀着无比沉重的心情告诉大家，我们必须停止战斗。"这一广播使还在继续作战的法军十分沮丧。贝当等不及德军指挥部答复就号召法国军民停战，这实际上等于是下令停止抵抗，向德国主动示好。德国人抓住这一点，立即把贝当的号召书印成传单，通过飞机在法军阵地上广为散发。德军的坦克打着白旗去俘虏那些停止抵抗的法军士兵。

这时，英国向法国重申英国同意法国停战，要求法国马上命令其舰队开往英国港口。同时，英国第一海务大臣庞德给英国地中海舰队司令坎宁安海军上将下令："尽力使法舰队加入我方，否则干掉它！"庞德还派出战列舰"胡德号"、航母"皇家方舟号"、战列巡洋舰"反击号"等舰只到直布罗陀监视法舰队。

法国海军一片混乱，有的主力舰直接加入英舰，更多的战舰逃到北非法属殖民地。战列舰"洛林号"和"库尔贝号"在英国港口被扣留。轻型战列舰"敦刻尔克号""斯特拉斯堡号"和2艘旧战列舰停在阿尔及利亚的奥兰港。

贝当的广播演讲被许多法军官兵理解成了停战命令。他的演讲彻底瓦解了军队的斗志，使德军轻易地大批大批俘虏法军。博杜安想方设法弥补贝当演说造成的不利影响，他还广播了一份说明，指出战争还没有结束，要有体面的条件才能投降。

这时，法军大本营参谋长杜芒克急了，为了保存军队的战斗力，他不得不给部队发去一份电报："停战协定尚未签订，敌人利用白旗企图突破尚在我方防守之中的地段……各地必须全力作战，保卫祖国疆土。"

在贝当发表广播演说的时候，德军C集团军群没有停止前进的步伐，他们已经抵达马恩－莱茵运河。

6月18日，贝当宣布停止抵抗，下令各部队不战而放弃所有两万人口以上的城市。

不仅禁止军队在城内进行抵抗，而且在城郊也不准抵抗和破坏。在贝当宣布停止抵抗的时候，英国海军大臣亚历山大和第一海务大臣庞德来到法国，与贝当内阁的海军部长达尔朗会晤。达尔朗承诺，宁肯将法国舰队凿沉，也决不会让其落入德军之手。

德国的《人民观察家报》在这个时候及时颂扬了贝当的投降政策，说他是"一贯正确的老战士，当今唯独他一人还能给法国人民带来慰藉"。这一天，德军占领贝耳福、科耳马尔、迪戎和勒克勒佐，所有人口在两万以上的法国城镇都不设防。

还有一件非常重要的事情摆在法国人面前，即是否将政府迁到北非，是否在北非继续与英国一道作战。法国人认为，法国在军事上是欧洲第一，他们不相信法国都战败了，其他国家包括英国能够成功。法国政府不相信，法属北非能抗击强大的德军。贝当和魏刚表态决不离开法国，要留下来与人民在一起。一些官员向贝当举出荷兰女王的例子，贝当说，不能把君主和总理相提并论，对君主的效忠能够使国家在外国占领下存在下去，但受人怀疑的政府一旦搬走，就会被人民抛弃。

就在贝当宣布放弃抵抗的当天下午，戴高乐通过英国广播电台向全世界、向沦亡的法国发表了震撼人心的演说《告法兰西人民书》。


事情不可挽回了吗？

希望不存在了吗？

失败已经注定了吗？

没有！当然没有！

请大家相信我，我不是平白无故说出这番话的，我是在充分掌握事实情况下说出这番话的。我可以负责任地告诉大家，法国非但没有完，而且很有希望。导致我们失败的那些因素总有一天会让我们转败为胜。因为我们不是一个国家在孤军奋战，不是单枪匹马，不是孤立无援，我们有庞大的帝国做坚强的后盾。这个庞大的帝国与控制着海洋仍继续作战的不列颠帝国结成了同盟，它也可以像英国一样充分利用美国雄厚的工业资源……

　　我，戴高乐将军，现在就在伦敦，向目前已在不列颠帝国和将来有可能来到不列颠帝国的握有武器或没有武器的法国官兵发出号召，向目前已在不列颠帝国和将来有可能来到不列颠帝国的军火公司的所有工程师和技术人员发出号召，请你们一定和我取得联系。

　　将来不管发生什么情况，法兰西人民抗击纳粹德国的火焰都不应该熄灭，也决不会熄灭！

戴高乐将军激情四射的演说

针对戴高乐将军激情四射的演说，英国首相丘吉尔当天也发表一个演说。他回顾了法国战役的经过，预测不列颠战役即将爆发，并大声疾呼："让我们承担起我们的责任，让我们英勇奋战！如此，倘若不列颠帝国和英联邦能存在一千年，后人仍然会自豪地说：'这是他们最光辉的胜利！'"

这是一个历史性的时刻。戴高乐和丘吉尔的讲演令法国和英国的反德国法西斯听众热血沸腾，从这一天开始，法国人称戴高乐为"6·18英雄"。

## ◎ 欧洲第一强国投降了

6月19日清晨，希特勒通知法国贝当政府："一旦收到贵国停战谈判代表团名单，确定后，本国政府即刻宣布停止敌对行动的条件。"

贝当和他的内阁成员们早就迫不及待了，当天上午即指定了法国停战谈判的全权代表。贝当政府积极配合希特勒的行动，他们担心有法国人在海外建立流亡政府，图谋控制殖民地和法国舰队，于是策划了一场欺骗、恐吓和威胁运动，以阻挠那些成为流亡政府首领的人到国外去。

下午2时，法国总统勒布伦正要出发前往非洲，突然发生了"马赛号"事件，行程只好停下来。乘"马赛号"商船前往非洲的24名国民议会议员和一名参议院议员，其中包括达拉第、芒代尔、康平希、让·泽、孟戴斯－弗朗斯，他们到达中转站卡萨布兰卡时被当局宣称为"逃犯"，统统押回了法国。此时，希特勒已经准备好让法国人做出投降的决定，为了加速法国的投降，德军于6月20日轰炸了波尔多。

也是在这一天，德军攻占了整个马奇诺防线，50 万法国守军大部分投降，只有极少数部队逃入瑞士境内。马奇诺防线坚不可摧的神话在德国人面前仅仅支撑了 7 天，法国人的最后一点自信心彻底被打垮。当天，贝当政府决定迁往佩皮尼场，并提出一项新方案，建议把政府一分为二，一部分搬往北非，总统、国民议会和参议院人员、内阁副总理前往北非，其余人员随贝当留在国内。

　　6 月 19 日晚，戴高乐在英国广播电台继续向法国民众大声疾呼："继续作战是一切手中有武器的法国人不可推卸的责任。丢掉武器，撤离阵地，把属于法国的土地拱手让给德国人，都是叛国行为！"

　　然而，吓破了胆的法国军政官员们没有人理睬戴高乐的声音。在伦敦的戴高乐接到召他回国的"命令"。他立即给魏刚复信，说只要不投降，愿意参加组织起来的任何法国抵抗力量。贝当政府却命令戴高乐到图卢兹的圣米歇尔监狱去自首，听从战争委员会的审判。这个委员会先是判处戴高乐 4 年徒刑，后来根据魏刚的指示改判死刑。

　　戴高乐向法国驻海外的殖民总督们发去电报，要求他们坚持作战。戴高乐还请总督们来伦敦会谈，换来的是一片嘲笑声。那些总督认为戴高乐是个野心勃勃、追名逐利的家伙。他们认为戴高乐在官场中唯一值得一提的经历是在雷诺内阁中担任过陆军次长。北非总司令兼摩洛哥总督诺盖将军决心继续作战，但他不想响应戴高乐的呼声。

　　6 月 20 日夜，法国的贝当政府收到了德国的停战条件，其中第八款涉及法国舰队："除法国保卫帝国利益的船只外，其余船只必须集中到指定港口解除武装。"法国外交部长博杜安向英国驻法大使坎贝尔通报了情况。当坎贝尔询问法国舰队的走向时，博杜安说，法国将派舰队去北非，一旦有危险将自沉。

英国政府获悉法德停战协定后惊恐不安。在当晚的内阁会议上，首相丘吉尔强调法国的几艘主要战列舰决不能落入德军之手，并决定由庞德通过私人信笺的形式向达尔朗等法国海军将领进一步发出疾呼。达尔朗怀疑英国企图借机"吞并法国舰队和殖民地"。他在 7 月 1 日与美国大使布利特的谈话中说："我决不会派舰队前往英国，因为我知道英国人决不会归还法国舰队的任何一艘船只。如果英国成为战胜国，它给予法国的待遇不会比德国的更慷慨。"

6 月 21 日，法国一些议员在都城旅社开会，会议由国务部长赖伐尔主持。会后，赖伐尔率领议员们去见总统勒布伦，威胁他不准离开法国。赖伐尔警告勒布伦，如果他逃离法国，就不可能活着回来了。最后，贝当下令政府留在法国。

6 月 24 日，海军部长达尔朗向法国舰队下达最后命令："在敌人或英国试图接管舰只时将舰只凿沉……在任何情况下，舰只都不准完整无损地落入外国人之手。"

下午 6 点的英国内阁会议决定，阻止法国舰队驶离英国港口，公海上的法国船只全部被引到英港。晚上 10 点半，英国内阁会议讨论了歼灭法国舰队计划的可行性问题。丘吉尔一再强调不能指望有关法国当局凿沉舰队的建议，不管法国从德国那里得到什么保证，英国都无法防止德国获取这些军舰，除非其都被凿沉或者接受英国指挥。

5月25日，达尔朗请求英国准许停在英国港口的法舰队离港，这加剧了英国政府的疑心。停在达喀尔港的法国"黎塞留号"战列舰突然离开港口。英国政府马上命令海军部，立即拦截或者俘获该舰。27日，"黎塞留号"回到原锚地。

6月25日夜，德法停火协定正式生效。法国投降了，但驻守马奇诺防线的许多法军不相信，他们想继续战斗。马奇诺防线上的某些孤立部队，直到6月30日才被迫停战。虽然马奇诺防线未能挡住德军的侵略，仅仅6个星期法军便缴械投降了，但马奇诺防线却固若金汤。当马奇诺防线交给德军时，它几乎完好如初，简直就是一个供人参观的摆设。德军官兵终于如愿以偿地进入了马奇诺防线，他们就像乡巴佬第一次走进大都市那样大睁着惊奇的眼睛游览着这个恐怖的要塞。

按照与德国签订的停战协定，法国被划分为占领区和非占领区，法军被解除武装并解散；占领区的一切武器、军火、设施、机器和军需品交给德军；法国政府必须保证不让民众继续对德作战；法国支付德军费用；德国战俘被释放。法国同意大利也签订了停战协定，除在细节上有些改动外，基本上是一致的。

希特勒终于实现了完全征服号称欧洲第一强国的梦想。"曼施坦因计划"通过德军装甲集团军群的行动变成了世界军事史上的杰作。其实，法国的军事实力很强，并不弱于德军。法军并不是输在实力上，而是输在战略上。受一战经验的影响，法军一味追求防御而放弃进攻。另外，对坦克、飞机等新式武器使用不当。例如，法军把坦克化整为零，分散到部队中去，坦克成为步兵的移动盾牌和堡垒。与此相反，德军把坦克集中起来使用，极大地发挥

177

了坦克的优势。经历一战后，法国民众强烈追求和平的厌战情绪以及法国青年人太少，这些都是法国战败的重要因素。在二战爆发时，德国 20~30 岁男性国民的人口是法国的两倍多。

## ◎ 空军的战斗

　　1940 年 5 月 10 日至 6 月 24 日，德军对西欧各国发动了闪电战，目的就是彻底粉碎英法荷比盟军，攻占荷兰和比利时，迫使法国投降，进而逼迫英国向德国投降。结果是，英法荷比盟军被击败，德国完全吞并比利时、荷兰、卢森堡和法国。

　　此次西线战役交战双方空军的实力对比为：法国拥有 1500 多架飞机，包括 700 架战斗机、260 架轰炸机、180 架侦察机和 400 架对地攻击机。英国驻扎在法国的飞机有 350 架。

　　德国空军投入这次"闪击战"的飞机多达 3500 多架，包括 1300 架中型轰炸机、1200 架战斗机、380 架斯图卡式轰炸机、640 架对地攻击机和侦察机。

　　法德空战首先在荷兰上空展开，即 5 月 10 日，德军发动了大规模攻势，偷袭荷兰、比利时和卢森堡，西线战役爆发。凌晨，德军自地面和空中扑向荷兰。德军以一个装甲师的兵力向前推进，利用伞兵和空降部队，准备夺取鹿特丹附近的几座重要桥梁，以便占领包括海牙、阿姆斯特丹、乌德勒支在内的荷兰要塞。至5月14日早晨，荷兰要塞还没有被突破，鹿特丹仍在荷军手中。德军从比利时前线调来空军，主要是俯冲轰炸机，轮番轰炸鹿特丹，以便尽早占领荷兰要塞。5月14日，荷兰军队放下武器，德国空军在攻打荷兰的战争中损坏了470多架飞机，大部分是运输机，不过很多飞机被修好了。

在对比利时的空战中，德军为突破比利时的最大障碍阿尔贝特运河，煞费苦心地研究出一套夺取埃本·埃马尔要塞的作战方案。德军于5月10日凌晨在战争史上首次投入轻型滑翔机作战，成功攻陷要塞。

最激烈的空战是在法军与德军之间发生的。法国是德国在西线战役中的主要目标。由于法国空军在后勤保障、飞机更新换代、空勤人员素质方面均存在问题，在德军的不断攻击下，法国空军显得十分被动。在法军损失的飞机中，大多数是被德军高射炮击毁的，主要是由于法军飞机大多使用水冷式发动机，一旦冷却器中弹飞机马上坠落。

在法兰西战役中，法军声称歼灭了684架德军飞机，但法军有201名飞行员丧生，还有231人受伤，31人被俘虏。其中，有个飞行中队自5月10日至法国投降时，共击毁71架德机，仅死1名飞行员。这个中队的德莱斯击毁了17架德机，贝利那击毁了13架德机。威廉大尉在6月8日的空战中，在15秒内击落了德军3架俯冲轰炸机。很快，他又击落了3架，前后6架战果是在短短3个半小时中获得，创造了空战纪录。

法德空军的第一次空战发生在1939年9月8日，4架法军霍克式飞机击毁2架德军战机。1940年5月10日凌晨，德国空军中型轰炸机和俯冲轰炸机在战斗机编队的有效护卫下，对法国空军基地进行了大规模空袭。停机场、跑道、仓库等主要目标陷入一片火海，很多法军飞机在地面即被炸毁。德国空军同时轰炸了法国的铁路和公路。

面对德军的疯狂攻势，法国政府和军部仓促应战。当时，法国空军竟没有组织力量轰炸德军坦克部队。法国空军害怕德军报复，禁止轰炸机轰炸德国。法国抱着一战的经验不放，认为德军一定是先占领荷兰和比利时才会进攻法国，并最终与法军进行大规模会战以决胜负。事实上，德军的主力部队在空军强大的火力掩护下，集中使用坦克，顺着卢森堡边境，经过阿登森林，强渡马斯河，直接扑向巴黎盆地。

法军在错误的军事思想指导下，将有限的空军派去轰炸阿尔贝特运河上的桥梁。法军希望在比利时延缓德军的进攻速度，却不知道德军的主力部队已经出现在阿登森林。前去轰炸桥梁的法国空军全被击落，损失惨重。德国空军完全掌握了制空权。5 月 11 日夜，德军越过塞穆瓦河。德国空军坚持为装甲部队提供空中侦察和对地支援，为了避免盟军窃听，连军事命令都由空军空投给地面部队。两天后，德国空军调来大量飞机，包括 12 个斯图卡俯冲轰炸机中队在内，支援地面部队强渡马斯河。

德国空军轮番轰炸河对岸的法军指挥所、炮兵阵地和工事。斯图卡俯冲轰炸机对地垂直俯冲到快接近地面时才升起。德国空军疯狂地扫射和轰炸，其巨大的噪音对法国官兵影响很大。当时的空军对地攻击有很多限制，但德军采用少架多批的方式来弥补不足。法国空军赶来轰炸河上仅有的一座桥梁和橡皮艇上的德军，却遭到德国庞大的战斗机群的驱逐。德军控制了马斯河渡口，大量地面部队快速过河。如此一来，法军精心组织的阻击战完全失败了。

面对德军的快速推进，法国空军在经历了开战伊始的手足无措后，进行了顽强的抵抗。德军攻克军事要塞色当后，为了给法国第二集团军赢得时间组织反攻，法国空军对色当进行了大规模轰炸。法军轰炸机在法英两国战斗机的掩护下，对德军阵地轮番轰炸。为了躲避德军战斗机，法军轰炸机飞得非常低，受到德军地面炮火的攻击，损失很大。同一天，为了阻止德军通过马斯河，以英国空军为主、法国空军为辅，轰炸了马斯河上的浮桥。

第一次轰炸，英国空军坠落 85 架轰炸机，德军损失了 3 座浮桥，很快又修好了。接下来的 3 天，英国空军持续轰炸，前后坠落 250 多架战机。英军的飓风战斗机不是德国战斗机的对手，盟军飞机被迫低飞以躲避德军战斗机。5 月 19 日，德军攻下了阿拉斯。20 日，攻下阿贝韦尔。在敦刻尔克大撤退中，英德空军为了争夺制空权，展开了大规模的空战。

德国空军总司令戈林亲自指挥，集中 800 多架飞机，其中轰炸机 300 多架，轮番轰炸敦刻尔克，投掷水雷封锁港口。面对如此险恶的局势，英国以每天 300 多架次的力度与德军展开激战。从英国本土赶来参战的战斗机共达 2739 架次，在空战中投入许多新型喷火式战斗机。由于英国空军从本土起飞，距离战场只有 40 至 70 公里，而德国机场距离敦刻尔克较远，加上德国气象条件恶劣，不利于飞机航行，英国空军才逐渐掌握了海峡上空的制空权。

敦刻尔克陷落后，德军进攻法军的"魏刚防线"，第二天强渡索姆河。法国空军集中所有的飞机，在英国空军的支援下反复轰炸亚琛、肖恩和佩隆等桥头目标，仍然无法阻止德军前进的步伐。后来，德军在贡比涅击垮了"魏刚防线"。法国空军的飞机所剩无几，器材油料等也严重不足。意大利向法国宣战后，法国海军航空兵部队与意大利空军又展开了激战。法国停战后，有大量法军飞机逃往北非。与其他欧洲国家一样，坚持抗战的法国飞行人员往往来到英国伺机反攻。

法国战败后，由维希政府领导的法国空军和流亡英、苏等国的法国空军在北非、地中海战场展开激战。为了解决同机种的敌我识别问题，双方在飞机上画上标志。在特殊背景下，发生了一些矛盾的事情，这都是特殊的历史造成的。比如，法国维希政府的王牌飞行员鲁·格罗恩曾击落过7架盟军飞机。以前，他击落过14架德军飞机。1942年年底，北非的法国空军见德国大势已去，突然改投盟军。结果，鲁·格罗恩把枪口又指向德军飞机，但这一次他驾驶的是美国的P-39空中飞蛇式战斗机。

交战双方空军情况大体如此，接下来看看海军的情况。

## ◎ 尴尬的海军

　　一战结束后的 20 年里，作为海上五强之一，法国海军没有财力与英美海军展开军备竞赛。法军战列舰从没有达到 17.5 万吨的条约限制。1926 年，法国海军灵魂人物海军上将弗朗索瓦·达尔朗上任，开始重建法国海军。1932 年，法国建造了 2 艘敦刻尔克级战列舰，航速很高，装甲适中，装备的是 340 毫米口径主炮，敦刻尔克级战列舰勉强可以和德国的沙恩霍斯特级战列巡洋舰抗衡。

　　20 世纪 30 年代中期，德国和意大利疯狂扩充海军。当时，意大利开始建造排水量 3.6 万吨、航速 30 节、装备 9 门 381 毫米口径主炮的利托里奥级战列舰。德国则秘密建造俾斯麦级战列舰，排水量 42000 吨，战斗力更强。法国被迫建造了几艘新型战列舰，以维持法国海军对德意的海上优势。

　　随着轮机技术和造船工艺的快速发展，欧洲开始流行全能战列舰，即在一艘战列舰上集中战列舰和战列巡洋舰的所有优点。新型战列舰航速达到 30

节，装备 381 毫米的主炮，装甲厚度达 300 毫米以上。战列舰的排水量增加到 3.5 万吨以上，配备高压蒸汽轮机。

1935 年 10 月 22 日，新型黎塞留级战列舰首舰"黎塞留号"在布雷斯特开始建造。在接下来的 4 年内，"让·巴尔号"和"克里孟梭号"陆续建造。随后又建造了 3 艘黎塞留级的改进型，整个造舰计划结束时，法国拥有 8 艘新型战列舰。与英美的全球性海军不同，二战前的法国海军属于地区性海军，法国殖民地集中在北非，主要任务是控制地中海，保障殖民地的利益。作为法国舰队核心力量的黎塞留级战列舰，能够在地中海与意大利主力舰或英国地中海舰队对抗，同时可护航和对陆作战等。黎塞留级战列舰在设计上航速高，足以对抗意大利战列舰的主炮，安装了用于攻击小舰只的副炮，增强了防空能力。

法国战列舰采用奇特的布局方式：2 座四联装主炮都装在前甲板上，后甲板没有主炮但布置了几个副炮塔。在设计"黎塞留号"时，法国计划安装 9 门 406 毫米口径主炮，经过长期研究，发现这一计划使战列舰的建造费用高得难以承受，只得改为 6 门 406 毫米口径主炮。经过最终权衡，在"黎塞留号"上采用了 380 毫米口径主炮，以四联装方式安装 8 门火炮，增大了火力覆盖面。

法国和英国的火炮炮管短，只有 45 倍口径。意大利为 50 倍口径，德国为 52 倍口径。

法国火炮的弹药装填量最大，在弹丸初速、射程和穿甲能力上跟德国火炮不相上下。黎塞留级炮塔采用液压装置。法制 380 毫米口径炮塔可以在任意角度装弹。其他国家的战列舰往往因结构限制，只能在固定角度装填弹药。

由于采用先进的装弹系统，黎塞留级战列舰的火炮射速高，这是明显优于其他国家战列舰的地方。

在设计"黎塞留号"时，要求其主装甲能承受380毫米口径火炮在2.7万米外的轰击。因为主炮的设计节省了很多重量故而"黎塞留号"把更多的重量用于装甲防护。其装甲板厚度达到328毫米，设计了15度内倾角，装甲板有18毫米的防崩落垫。炮塔正面装甲厚度为430毫米，侧面达270毫米，座圈厚度达405毫米。指挥塔的装甲防护达340毫米。由于来自空中的威胁越来越大，"黎塞留号"除安装了高射炮外，还加强了水平装甲，舰上铺设两层甲板，第一层厚170毫米，第二层厚100毫米。炮塔顶部的装甲厚度为195毫米。经过一系列装甲改造，有效提高了战舰的总体防护能力。

在地中海作战中，高航速有利于围歼敌方舰队，能够快速击沉敌方商船和运输舰。地中海港口要塞众多，一旦追不上，敌商船躲进要塞就没有办法了。法国在设计黎塞留级舰时，强烈要求高航速。"黎塞留号"配备了总功率15万马力的4台蒸汽轮机，航速为30节。2号舰"让·巴尔号"在战后完工，航速32节。"黎塞留号"下水后，最大航速也达到了32节，能够以30节航速持续航行60个小时。

与高航速相比，黎塞留级的续航能力比较低，最大续航力只有5000海里。在地中海作战，对军舰续航能力要求不高，这个缺点影响很小。黎塞留级的2号舰"让·巴尔号"于1940年3月匆匆下水，1940年6月安装了一个炮塔，后来逃到摩洛哥的卡萨布兰卡。卡萨布兰卡被维希政府控制后，"让·巴尔号"加入轴心国阵营。在盟军北非登陆作战中，"让·巴尔号"用一门主炮炮击盟军。美国战列舰"马萨诸塞号"及其轰炸机群疯狂围攻"让·巴尔号"，其舰体严重损坏。攻下卡萨布兰卡后，"自由法国"得到"让·巴尔号"的舰壳，战后继续建造，1955年建造完毕。"让·巴尔号"是世界上完工最晚的战列舰，1961年退役。

"黎塞留号"战舰

1940年，法国海军拥有1艘航母，2艘战列巡洋舰，7艘战列舰，18艘巡洋舰，27艘轻型巡洋舰，26艘驱逐舰，27艘潜艇和大量小型舰只。与英国数量庞大的海军舰只不一样，法国海军的舰船都是20世纪二三十年代建造的新舰。战争比法国人预计的早得多，法国海军基本上没进行过什么大的作战。只是在大西洋追捕德国装甲舰"施佩伯爵海军上将号"的行动中，法国海军缴获了德国的"圣·达菲号"。

1940年，德国入侵丹麦、挪威，法国海军参加盟军反登陆作战。在海战中，法国军舰十分灵活，航速极快，击沉德舰1艘，击伤3艘。截至1940

年 6 月，海上的军力对比是：英国海军有老旧的战列舰 14 艘，其中 1 艘还在大修；法国拥有 9 艘；意大利拥有 6 艘；而德国只有 2 艘。

素有欧洲大陆第一强国之称、一战中拖住德军 4 年之久的法国军队，在二战中仅仅抵抗了 50 天便投降了。针对法国海军，德国没有直接征用，不仅顾虑到法国民众强烈的民族感情，而且大片的法属北非殖民地也需要法国舰队防守。与其自己派兵，不如让附庸自己的法国来守。

法国海军处于非常尴尬的境地，还没有作战，就没有敌人了，也失去了盟友。海军部长达尔朗上将左右为难，为了保留法国半壁江山，为了法国人最后的尊严，他决定表面上服从维希政府，暗中将舰队撤往北非。

# 第七章

## 永不屈服的法兰西

　　戴高乐的实力虽然很弱，但这些人的到来极大地鼓舞了戴高乐支持者们的信心。法国国庆节那一天，为了向全世界宣告反法西斯的法国军队仍然存在，戴高乐决定举行阅兵式。

## ◎ 屈辱的"6·22"

6 月 21 日，法国停战谈判的全权代表终于确定下来了。

法国代表亨茨格、勒吕克、贝尔和莱昂·诺埃尔赶赴贡比涅与德国谈判。

同日，希特勒乘车来到贡比涅森林，在距离目的地 300 米处的一座塑像前走下汽车。他缓缓地绕行一周，注视着 1918 年议和的纪念碑和法国元帅福煦的半身塑像。22 年后，还是这里，在法国人引以为傲的贡比涅森林，历史向法国人开了个大玩笑，法国人同样向德国人投降了。

贡比涅又译作"康边"，位于法国的皮卡第大区瓦兹河岸，距离巴黎东北 80 公里，是瓦兹省的首府。贡比涅市有石油、金属铸造、肥皂、玻璃、机械和汽车轮胎等工业。1430 年，法国圣女贞德在贡比涅被捕。贡比涅东北有片面积约 140 平方公里的森林，在法国国道 31 以北几米远，埃纳河的一个转弯处有个林间空地，在林间空地上有一座福煦元帅的纪念碑。1918 年和 1940 年的停火协定都是在这里签署的。1918 年 11 月 11 日，法德两国曾在贡比涅签订停战协定。二战中，法国贝当政府又在贡比涅向德国签字投降。1941 年 6 月至 1944 年 8 月，德国在贡比涅设立奥斯威辛集中营。1942 年 7 月 6 日，第一批政治犯被运到奥斯威辛集中营。

希特勒在车厢附近的花岗岩石碑前停了下来，开始阅读纪念碑上的文字。他的脸上出现了蔑视、愤怒、仇恨的表情，在"福煦列车"前检阅完仪仗队，跨进车厢，坐在了 22 年前福煦坐过的椅子上。

下午 3 时 30 分，法国代表团来了，他们故意迟到 40 分钟。在一节火车车厢里，希特勒和他的部下接见了法国代表。希特勒在餐车的长桌一端坐下，总参谋长凯特尔向法国人宣读停战条款。

停战条款一共 36 条，比 22 年前法国人提出的条款更加苛刻，其中一条就是将法国本土和海外殖民地的反纳粹德国流亡人士移交给德国，一切继续对德国作战的法国人逮捕后马上枪决。条款还提出：法国海军舰队必须解除武装，将舰队停在法国港口废弃。

德国给法国划定了一片未占领区，在法国南部和东南部，由贝当政府管理，将首都设在维希市。这一条款从地理上和行政上分裂了法国，让法国流亡政府很难成立，阻止了波尔多的法国政府官员们把政府搬到北非的计划。

凯特尔读完停战条款的序文后，希特勒和他的随行人员马上离开了车厢。谈判工作交由最高统帅部长官们继续进行，但对于他亲手拟定的条件没有留有丝毫的回旋余地。

凯特尔把这些条款读完后，法国代表团成员、第二军团司令亨茨格马上对德国人说，条件太"冷酷无情"了，比 1918 年法国在这里向德国提出的条件苛刻得多。而且，如果阿尔卑斯山那一边的一个没有打败法国的国家（笔者注：亨茨格显然是看不起意大利，都不愿提及它的名字），也提出类似的要求，法国决不投降，它将战斗到底。因此，他不能在停战协定上签字。

临时主持会议的德国最高统帅部作战部长约德尔没有料到一个被打得走投无路的敌人竟然能说出这样强硬的话来，于是说他虽然理解亨茨格所说的关于意大利人的话，但他无权改变希特勒提出的条款。他说，他所能够做的只是"提供一些说明和对不清楚的地方做些解释"而已。法国人要么全部接受停战条款，要么全部拒绝。

法国代表团认为条件太苛刻了，要求向波尔多的法国政府报告。在接下来的几个小时里，贡比涅和波尔多之间通了多次电话，谈判持续进行。

德国方面提出的条件用电报通知法国政府后，法国政府要求德国做出让步，尤其是不准占领巴黎，并让法国海军舰队留在北非。德国坚决要求占领巴黎，并声称法国海军舰队问题是细节问题，应该留给停战委员会去解决。

其实，希特勒非常担心法国政府逃到北非及法国海军舰队落入英国人之手。法国政府已经决定投降了，无法对德国提出的条件提出异议。德国提出，在占领区内行政权力由法国官员在德国的管制下行使，这大大超出了贝当等人的期望。贝当等人认为，这样做有可能在某种程度上使居民免于遭到德国占领的最坏后果。希特勒认为，这既能使法国政府为德国工作，又可避免遭遇抵抗的情况，而如果一旦发生抵抗，将不利于把法国的农业和工业捆绑在德国的战争机器上。

法国外交部长博杜安在当天晚上接见了英国大使坎贝尔，态度蛮横无礼。坎贝尔接到英国政府的命令，叫他避免被德军俘虏。不久，英国政府派来一艘鱼雷艇，供他用来逃离。

6月22日，停战谈判继续进行。凯特尔越来越恼火，丝毫不肯让步。他向法国代表团成员发出最后通牒：如果1小时内不能达成协议，谈判就会破裂。法国代表再次与波尔多通话后同意了德国的条件。6时50分，凯特尔和亨茨格分别在德法停战条款上签字。亨茨格在签字前，以颤抖的声调发表了一项个人声明："我宣布，法国政府已经命令我在这些停战条款上签字……因为武力所迫，法国不得不停止与盟国并肩作战。它认为，加在自己身上的条件是苛刻的。法国有权希望在未来的谈判中，德国能表现出容许两个相邻的大国在和平中共同生活和工作的精神。"

当法国代表团走出车厢时，下起了雨。这时，一群德国士兵正用力叫喊着移动那节"福煦列车"的车厢。德国人要把车厢运到柏林当展览品。1918年树立的花岗岩纪念碑也被一队德军士兵炸毁，不过福煦元帅的塑像被保留了下来。

# ◎ 自由法国运动

就在法国维希政府跟纳粹德国签订屈辱协定的同一天，戴高乐在伦敦通过广播大声疾呼，指责维希政府不合法，宣布成立"自由法国运动"，提出"将自由还给世界，把荣誉归还祖国"的口号。

6月23日，英国政府发表了公告，不再承认贝当政府是法国的合法政府。英国首相丘吉尔谴责停战协定，允诺在英国赢得战争后将恢复法国的自由。夜间，坎贝尔及其下属仓促撤离法国。从此，英国在波尔多没有了代表，这对英法两国是很不利的。结果，在以后的日子里英法两国出现很多误解。几天前，丘吉尔在下院曾宣布，英国至少已经履行了盟友的义务。结果，英国和法国之间展开了一系列声讨。赖伐尔对英国人一直没有好感，这时站出来反对英国，主张与英国决裂，但法国政府并不打算这样做。

英法之间的主要矛盾是法国舰队问题。英国频频施加压力要求法国舰队开往英国港口，这就意味着，法国必须继续战斗下去，至少用法国舰队继续战斗下去。法国舰队的命运掌握在海军部长达尔朗手中，他不会把舰队交给任何人。达尔朗和法国海军军官们一样，具有传统的仇英心理。他们对1935年的《英德海军协定》怀有强烈的不满情绪。

法国政府全体成员认为如果把舰队交给英国，就放弃了法国讨价还价时的最大筹码。在英国的压力下，美国也向法国提出抗议。法国政府最后做出决定，他们不会把舰队交给德国。根据德法停战协定第8条，法国海军的舰只能停泊在布雷斯特、瑟堡、洛里昂，听候德意两国的遣散和解除武装。这是英国最担心的事，美国对此也是感到不安。事实上，达尔朗采取的措施不仅瞒着英美两国政府，甚至瞒着法国政府。一切有关海军的事务都由海军上将达尔朗负责，他在处理海军事务时，只同总统直接联系。

6月24日19时35分，《法国—意大利停战协定》在罗马签字。墨索里尼只能占领他的部队攻下的地方，这就是说只能占领法国几百码的领土，另外还在法意边境和突尼斯设置了80公里长的非军事区。法意停战协定签字6小时后，法国全境的炮声停止了。

6月27日中午，英国召开内阁会议，决定对法国舰队动手，目的是控制所有英国能接近的法国舰队，或者歼灭，时间暂定7月3日。这个方案就是"弩炮"计划。为实施"弩炮"计划，英国组建了H舰队，它包括"胡德号""勇敢号"和"坚毅号"3艘战列舰以及2艘巡洋舰、11艘驱逐舰和"皇家方舟号"航母。

6月28日，英国正式承认戴高乐为"一切自由法国人"的领袖。丘吉尔对戴高乐说："虽然你孤身一人，但我只承认你一个人！"在法国，维希政府表面上合法，得到美、苏等许多国家的承认，但英国却不承认它的存在。

嵌有洛林十字的法国国旗

　　戴高乐在伦敦打出了代表"自由法国"的洛林十字旗号，得到了英国的承认。为了法国的独立，戴高乐一边与挪威、荷兰等国的流亡政府取得联系，寻求道义上的支持，一边扩充实力。他从英国借来白城体育馆作为招兵基地，接见逃到英国的法国人，并用他那粗犷的声音打动他们："假如德军可以来伦敦，早就来了。我认为苏联参战将早于美国，并且美国一定会参战。希特勒的野心再大，却无法征服苏联，入侵苏联的那一天也将是纳粹德国失败的开始。法西斯的侵略行径必定会引起多数国家的反抗。法国虽然有很多困难，但这只是暂时的，我们一定会重新拥抱自由，获得解放！"

　　戴高乐坚忍不拔的意志深深打动了每一位法国爱国志士，很快就有几百人站到了他的麾下。

　　6月29日，戴高乐来到利物浦附近的特伦特姆公园，招募了200名阿尔卑斯山步兵。1个坦克连的三分之二以及一些炮兵、工兵和通信兵，圣阿塔恩的几十名飞行员也前来追随这个英勇不屈的法国人。几天后，2艘法国潜艇和1艘巡逻艇宣布也追随戴高乐，继续战斗。

　　同一天，英国第一海务大臣庞德在海军部会议上说，法国海军部长达尔朗称他们将凿沉舰只，但是在德国和意大利的控制下这是不可能的。德国对法国表示，英国现在已经是敌人了，并鼓动法国向英国宣战。

6月30日，英国三军参谋长向丘吉尔提交了一份报告。报告强调，尽快发动突袭法国舰队的行动。一旦法国军舰抵达法国港口，德国迟早会用法国军舰对付英国。当晚7点，丘吉尔下令，针对法国舰队的行动于7月3日开始执行。

处于观望状态的法国战列舰共6艘，这些战舰没有宣布效忠维希政权，但态度摇摆不定，一旦落入德军之手将会对英国舰队构成严重威胁。停在英国各港口的法国舰艇于7月3日被强行俘虏。为了消灭潜在的敌人，英国不宣而战，进攻停在北非各港口的法国军舰。

就在这一天，法国海军中将米塞利埃逃了出来，加入戴高乐的"自由法国"阵营。他的加入对自由法国事业起到了很大鼓舞作用。之后，不断有人从法国逃出来，许多人从北非来到伦敦，追随戴高乐。敦刻尔克大撤退的法军士兵中，有200人加入了"自由法国"阵营。

每天都有成千上万封来信汇集到戴高乐身边。法军中大批不甘屈辱的中高级军官也逃到伦敦，追随戴高乐。勒让蒂约姆将军、德拉米纳上校、达尚利尔海军少校、布路赛少校、德奥特克洛克上尉等大批年轻军官先后逃到伦敦。戴高乐的实力虽然很弱，但这些人的到来极大地鼓舞了戴高乐支持者们的信心。法国国庆节那一天，为了向全世界宣告反法西斯的法国军队仍然存在，戴高乐决定举行阅兵式。

# ◎ 悲情舰队

　　7月1日，英国海军部接连收到达尔朗的秘密信件。不知道达尔朗是否可靠，但贝当政府却表现出强烈的仇英心理。

　　同一日，根据停战协定的要求，法军大部分被解除武装。法国北部包括巴黎在内的三分之二的工业区由德国直接占领，南部由贝当政府管辖。贝当政府搬到维希城。从此，法国成为德国的傀儡，史称"维希政府"。

　　从一战到二战，曾经涌现出无数杰出人物，但没有人像法国的贝当元帅那样，在经历两次世界大战后，受到人们截然相反的评价。一战后，作为指挥法国军队的杰出战将贝当元帅成为法国的民族英雄，受到人们的欢呼和致敬；二战后，贝当元帅由于与纳粹德国合作，由民族英雄一下子成为军事法庭上的被告。

　　7月3日，法国舰队在法属西印度群岛与美国达成协议，解除了武装。激战出现在北非海岸的奥兰和米尔斯克比尔军港。英国海军上将詹姆斯·萨默维尔率领一支强大的皇家海军 H 舰队，由米尔斯克比尔沿海展开攻击队形。皇家海军 H 舰队把法国舰队堵在港内，并提出条件：要么加入英国舰队，要么 6 小时内凿沉所有船只。

米尔斯克比尔海军基地由法国海军上将让·苏尔统领，包括 2 艘主力舰、2 艘巡洋战舰和 1 艘运载水上飞机的航空母舰。法国海军在阿尔及利亚奥兰基地还有几艘巡洋舰、驱逐舰和潜水艇。

法国舰队既不想臣服于德国，更不想屈服于英国。英国海军开始进攻，停泊在奥兰港的 4 艘法国战列舰率先遭到偷袭，米尔斯克比尔海战爆发。在以"胡德号"战列巡洋舰为主的英国舰队攻击下，法国 3 艘战列舰沉没、搁浅，"敦刻尔克号"逃跑，1297 名法国水兵被打死，341 人受伤。

萨默维尔和让·苏尔之间的会谈从 7 月 3 日 9 时 30 分开始，一直谈了一整天。让·苏尔在没有接到上级命令的情况下无法采取行动。下午近 6 时许，英国海军突然向停在米尔斯克比尔的法国舰艇开火，法国军舰除"斯特拉斯堡号"外，均被打垮，损失惨重。

令法国人难以容忍的是，德国人尚且准许法国人保留海军，而并肩作战的英国人却赶尽杀绝。这个事件激起了法国人的公愤，贝当政府当即宣布与英国断交。达尔朗马上采取报复措施，派飞机轰炸英军在直布罗陀的海军基地。

7 月 4 日，法国政府下令禁止聚集街头、印刷和散发传单、组织公共集会和一切示威，禁止收听广播。法国总理贝当通知美国驻法大使布利特，英国人鼓动法国作战到底，然后他们却偷偷向希特勒投降。许多法国人认为，英国没有公平地分担战争的牺牲，到目前为止惨遭屠杀的人中99%是法国人。特别是丘吉尔拒绝把英国空军的最后 25 个战斗机中队投入战斗，这更加深了法国人的怨气。

魏刚最担心国内的治安，他认为可能会出现无政府状态的威胁。法国共产党的势力到底有多强很难估计，但至少存在一支实力难测的"第五纵队"。许多正在作战的法军将领经常要回过头来防备共产党领导的"第五纵队"。如果法国拒绝投降，在彻底战败后，1871年的巴黎公社很可能会重演。为了留下一支军队来维持治安，魏刚再三催促投降，以防止在法国爆发红色革命运动的危险。

贝当等军人非常厌恶议会民主制，认为议会必须对这场失败的"大灾难"负责，战败甚至比胜利更有利，因为战败摧毁了议会制度。

在亚历山大港，萨默维尔和让·苏尔之间的谈判进行了好几天。7月7日，谈判终于有了结果，法国舰船就地被解除武装，仍归法国人控制。同时，英美军舰对驻扎在马提尼克的法国舰艇进行了监视。

7月8日，以"竞技神号"航母为主力的英舰队偷袭了达喀尔。"黎塞留号"战列舰遭到"剑鱼"鱼雷袭击，但损失很小。

在达喀尔海战中，驻达喀尔的法国舰队得到了炮台和自法国赶来的巡洋舰队的援助，击伤英国驱逐舰3艘，重创"坚决号"战列舰。法国损失2艘驱逐舰。第一次进攻失败后，英国海军加派"巴勒姆号""皇家橡树号"和"决心号"战列舰再次攻打达喀尔，目标是摧毁"黎塞留号"战列舰。

"黎塞留号"拼命反击，岸上的法军炮台也向英国舰队发射炮弹。"黎塞留号"与3艘英国战列舰的作战中，再次受伤，不过没有受到重创。由于法军海岸炮台的火力太猛，英国舰队被迫撤退。英国的不宣而战使法国舰队与英军的关系彻底决裂。1941年，"黎塞留号"躲在达喀尔，没有加入轴心国，但是也在对抗英国。

7月10日，在国务部长赖伐尔的提议下，法国召开参众两院的联席会议，以569票对80票的绝对多数，赋予贝当起草新宪法的权力。从7月11日起，贝当连续颁布了3个制宪法令。第一项法令宣布贝当为国家元首；第二项法令规定，在新议会成立前，贝当拥有立法权，拥有任命军政领导人的大权和国家元首的一切权力；第三项法令规定，原参、众两院一律休会。

短短两天时间，法国的总统、总理被废除，国会休会，行政、立法、司法大权集于贝当一身，"共和国"一词被"法兰西国家"代替，这标志着法兰西第三共和国在这个世界上消失了。

法兰西第三共和国灭亡后，开始了贝当的独裁专政。贝当是在法国大溃败后上台的，他是第一次世界大战凡尔登战役的胜利者，威望甚高。贝当的个人权威成了维希政府的重要支柱。维希政府所有文件均以君主制政体的格式颁布："本人，菲利普·贝当，以法兰西国家元首名义宣布……"贝当为集所有权力于一身，推行效忠宣誓制，很得希特勒的"真传"。自1941年1月至10月，军政大小官员分批进行宣誓。

7月12日，法国颁布制宪法令，赖伐尔成为贝当的继承人。

# ◎ 戴高乐，祖国在等你

7月14日，是法国的国庆节，上午，7000多人的"自由法国"部队聚集在伦敦白城体育馆等待接受戴高乐的检阅。

戴高乐全副戎装站在台阶上，身后悬挂着巨大的福煦元帅画像。在伦敦市民的围观下，"自由法国"部队迈着整齐的步伐经过主席台。戴高乐看着这支忠诚勇敢的部队，心中充满了必胜的信念。这是戴高乐的部队第一次在伦敦公开亮相，也是对纳粹德国的首次公开挑战。之后不久，第一批"自由法国"飞行员参加了对德国鲁尔区的轰炸。

法国人以独特的方式向戴高乐表明态度，他们寄来两张照片：一张是国庆节这天，法国男女站在无名烈士碑附近默哀，照片上写道："戴高乐，我们在等待你！"第2张是一座被一位妇女献满鲜花的墓地，这是戴高乐母亲的坟墓。

对戴高乐，法国维希政府跟法国人民态度截然相反，称戴高乐是"叛徒"、丘吉尔扶植的"走狗"。面对维希政府这样的攻击，戴高乐强烈地感到应该尽快确立"自由法国"与英国政府之间的关系。

戴高乐以"自由法国"领袖的身份与丘吉尔进行了谈判。通过艰苦的努力，双方达成《丘吉尔—戴高乐协议》。在协议中，戴高乐坚持英国必须保证恢复法兰西帝国的疆域。他以这种方法从法律上打消了英国人怀有的任何攫取法国领土的企图。最终，英国政府承认他们有义务帮助戴高乐恢复法国的独立。

在确定戴高乐的权限和如何动用"自由法国"武装力量的条款时，双方进行了长时间艰苦的争论。出于实力相差悬殊的考虑，戴高乐承认联合军事行动的最高权力归英国，但保留了拥有对"自由法国"武装力量的最高指挥权。"自由法国"军队的开支先由英国政府垫付，戴高乐坚持表明这是借贷。所有开支将立账，待以后偿还。在二战结束前他就全部偿还了。

戴高乐以上述方式不仅维护了法国的荣誉，还得到了英国政府的支持。这一协议的签订使戴高乐摆脱了物质上的困难，同时使英国和"自由法国"的关系迈向了正常化。协议的内容在法国海外侨民中产生了良好的效应。一些国家的流亡政府纷纷效法，与英国签订类似协议。

尽量使"自由法国"为人所知的同时，戴高乐努力让政治和行政机构运作起来。在这方面，戴高乐的助手卡森教授发挥了重要作用，制定了许多协议和公文。安东尼负责管理内政部门，拉比和爱斯加拉负责外交部门。普列文和丹尼斯负责管理财政，宾金与盟国商议解决法国商船和海员的问题，德瓦弗兰上尉着手组建"自由法国"秘密情报机构。

军事方面，戴高乐身边有一批得力的参谋在"自由法国"崇高事业的激励下，为法国的民族解放而战斗。戴高乐认为不能总是在英国，应该去非洲发展。此时的北非，诺盖将军已经投降了，刚果总督布瓦松也投降了；乌班吉人赞成作战，但要服从赤道非洲的首府——布拉柴维尔方面的命令；加蓬保持沉默，对戴高乐怀有敌意；喀麦隆人对投降十分不满，总督布津诺不敢表态，但是公共工程局长莫莱尔成立了行动委员会，支持"自由法国"；乍得黑人总督埃布埃对德国的种族歧视不满，随时准备支持戴高乐。鉴于此，戴高乐决定先去乍得、喀麦隆和刚果，劝说他们加入"自由法国"阵营。

7月15日前，法国维希政府并不知道法国舰队遭到了英国海军的攻击。法国人对于不久前的盟友这样攻击自己，表示极大的愤慨。法国海军事件曝光后，大部分法国人转而赞成投降德国。法国民众传统的反英情绪更强了，法国海军官兵们在日后成了保卫维希政权的主要力量之一。法国国内民众的仇英情绪达到了顶点，贝当从伦敦召回了驻英大使夏尔·科尔班，英法两国关系彻底决裂。

8月2日，戴高乐派勒让蒂约姆将军去索马里半岛，派普利文、帕朗少校、勒克莱尔和内阁总管埃蒂埃·德布瓦兰贝尔去赤道非洲。这些人很快使"自由法国"的洛林十字旗帜飘在乍得和喀麦隆的上空。接下来是刚果、乌班吉和加蓬。接下来，争取的是布拉柴维尔，戴高乐派德拉米纳上校前去游说。月底，这几个地区和平加入了"自由法国"，没有发生任何流血事件。

位于非洲大陆西海岸的达喀尔也是戴高乐想争取的地方，控制了达喀尔就控制了塞内加尔和法属西非的大片地区。达喀尔的驻军是维希政府的部属，为了避免大规模战斗，戴高乐派去一支小部队在法属几内亚的科纳克里登陆，沿途扩充实力，从背后偷袭达喀尔。为了偷袭成功，必须请英国提供海上援助，否则这支远征小分队很快就会被法国海军歼灭。

这次行动最终还是失败了，也给戴高乐本人带来了沉重的打击。敌人幸灾乐祸，许多人开始不信任戴高乐，包括美国总统罗斯福，这使得戴高乐始终被排除在盟军行动之外。关键时刻，丘吉尔义无反顾地支持了他，他的好友印度支那总督卡特鲁上将自西贡来到伦敦，拒绝了英国政府中的一些人希望他能取代级别较低的戴高乐的建议，并当众对戴高乐表示"接受您本人的领导"。

8月8日，法国维希政府逮捕了4位高级官员，他们是前总理莱昂·布卢姆，前总理、外交部长兼国防部长达拉第，前内政部长芒代尔，前法军总司令甘末林将军。4人被指控为"造成法国战败"的罪魁祸首。此前，克尔蒙·费朗主持的军事法庭已经缺席判处戴高乐将军死刑。当时，戴高乐正在伦敦，他被指控犯有叛国罪，扰乱国家安全，在战争期间当逃兵。

10月11日，法国维希政府发出"新秩序"的文告，宣称他们的目的是保卫劳动、家庭和祖国，提出民族革命，取缔自由、平等和博爱。维希政府解散一切企业家组织，成立管理经济的各种委员会，提出"反垄断斗争，回到农业中去"等取悦民众的口号。

其实，所谓"民族革命"不过是哄骗民众，掩盖维希政府为德国战车提供工业和农业支持的骗局。其实，维希政府代表着法国财政寡头的利益，特别是反映与德国有紧密联系的资产阶级的利益。很多资本家直接加入贝当政府，比如印度支那银行总裁蓬杜埃担任外交部长，冶金工业大资本家皮舍担任工业部长。维希政府得到"法兰西行动"、天主教会人员等右派的广泛支持。

维希政府在政治上取消了资产阶级的民主自由，解散了一切政党，抓捕共产党人，疯狂迫害犹太人。在经济方面，解散企业联合会，成立了委员会，由大资本家控制工商业；在农业方面，维希政府成立了由大地主领导的农民联合会，加紧搜刮农产品。维希政府解散工会组织，把资本家、工程师和工人都集中在劳资协会；在文化教育方面，维希政府推行法西斯教育，教会受到国家的重视。

10月24日，贝当和希特勒在卢瓦河畔的蒙都瓦举行谈判，商谈法德的"合作政策"。会谈结束后，双方起草了议定书，做出立即击败英国的决议。希特勒指出，如果法国向英国宣战，就可以在北非继续维持殖民统治。贝当不仅同意在经济上与德国合作，还同意采取联合军事行动共同对付英国。

10月27日，戴高乐在非洲的布拉柴维尔向全世界庄严地宣布成立国防委员会，他说："我仅以法国的名义，并且只是为了保护法国行使我的职权。为了协助我进行工作，自即日起，成立法兰西帝国防务委员会。"从这一天开始，布拉柴维尔成了法国人抵抗侵略的首都。经过艰苦努力，戴高乐在中部非洲从无到有建立起一个辽阔的作战阵线。

## ◎ 凯旋门奏响凯歌

11 月 12 日，希特勒签发第 18 号作战指令，对法国傀儡政权维希政府采取利用安抚的策略，对戴高乐领导的"自由法国"抗德组织则采取严厉打击的策略。希特勒在作战指令中指出：

关于对法政策，我的目标是，以最有利于将来对英作战的方式与法国展开合作。法国暂时需要扮演一个非交战国的角色，必须承诺我国在其境内特别是在非洲各殖民地中进行战争行为，必要时应采取防御手段支援我国的战争行动。法国人当前的任务是以防御和进攻的手段保卫其在非洲的殖民地，以对抗英国和戴高乐的势力。一旦法国执行这一任务，则很有可能导致对英国的全面战争。

我会见贝当元帅为起点，接下来同法国的会谈，除停战委员会的工作之外，暂时仅通过外交部会同国防军统帅部进行。

这次会谈结束后，我将下达较为详细的指令。

12月10日，希特勒签发第19号指令，即实施"阿蒂拉"行动。希特勒在指令中要求德军迅速占领没有占领的法国领土，并尽快占领法国港口，切断法国同海外的一切联系。

国防军最高司令 领袖大本营

国防军统帅部／国防军指挥参谋部／国防处 1940 年 12 月 10 日

1940 年第 33400 号绝密文件

仅传达到军官

## 第 19 号作战指令

一、为防范魏刚将军控制的法兰西殖民帝国地区发生叛乱，务必迅速做好占领法国本土目前还没有占领的地区（"阿蒂拉"行动）的前期准备工作。需要注意的是，务必对法国本土舰队和法国空军驻本国机场部队保持足够的警惕，千万不要让其投入敌方阵营。

准备工作一定要进行伪装，目的是不让法国人在军事和政治方面引起警觉。

二、上述情况如果没有出现，部队才能进入：

1. 以若干强大的摩托化集群（必须保障其拥有足够的防空力量），沿加龙河和罗讷河快速突至地中海，尽快夺取港口（特别是重要军港土伦港），切断法国同海上的一切联系。

2.分界线附近的部队全线向前推进。

要尽可能地缩短自下达行动命令到实施行动之间的时间。鉴于此，现在即可将各个部队前移，切记不要向其透露此次行动的目的。

预计法军齐心协力抵抗我军推进的情况是不可能发生的。倘若一旦发生局部抵抗，务必坚决彻底消灭。为了更有把握应付可能出现骚乱的策源地，可以考虑出动轰炸机（以俯冲轰炸机为主）部队予以增援。

三、采取措施防范法国舰队驶出港口和投降敌军。

从今往后，一定要密切关注每一艘法国舰艇的停泊地、战备状态及行动的可能性。海军总司令应在谍报局的密切配合下，充分利用停战委员会这一合适的途径，做出相应的措施。

海军总司令和空军总司令应考虑的问题：在推进中的陆军部队的配合下，如何最有效地控制法国舰队。特别值得考虑的是：封锁港口出口（主要是土伦港）；组织空降；展开破坏活动；对于驶出港口的舰只实施潜艇和空中双重打击。

关于是否和多大程度上根据停火协定为法国海军返回驻地提供便利的问题，海军总司令应提出自己的意见。

至于如何实施，最终由我来决定。只有当法国军队进行抵抗或舰队违抗德国的命令驶出港口时，才可以对其实施攻击。

四、空军和陆军应直接协调对法国机场和驻机场空军部队采取的行动。其他方法（如实施空降）也应尽可能予以采用。

五、各位总司令先生务必向我书面报告关于"阿蒂拉"行动的计划（通过国防军统帅部呈报）。陆军已经这样做了。报告中，请务必说明，自下达命令到将其付诸行动所需的时间。

六、"阿蒂拉"行动的准备工作务必严格保密。切不可让意大利人知道上述准备工作和计划。

（签字）阿道夫·希特勒


同一天，法国副总理赖伐尔同德国签订了进攻西非的英国殖民地计划。由赖伐尔和德军共同执行。一部分与英美利益有着密切关系的大资本家反对这个计划，计划最终以失败告终。

12月13日，贝当罢免了他的接班人赖伐尔。

1941年2月，贝当任命达尔朗代替赖伐尔成为自己的接班人。

6月，苏德战争爆发。法国维希政府与苏联断交，开始组建对苏作战军团，派出"志愿军"对苏联作战，为德国提供大量免费劳动力。

9月24日，戴高乐在非洲宣布成立法兰西民族委员会，代行政府职能。法国本土的抵抗运动在戴高乐的影响下发展起来。

这一年，戴高乐领导的"自由法国"运动不仅取得了较大的发展，还建立起一支精悍的海陆空武装部队。戴高乐在非洲发展"自由法国"阵线的同时注重与国内各抵抗组织建立密切联系，表示全力支持国内抵抗德国法西斯的运动。这样一来，法国本土的抗德运动成为"自由法国"的强大支柱。

1942年4月，在德国的提议下，赖伐尔再次成为德国傀儡政权维希政府内外政策的领导者。6月22日，赖伐尔发表厚颜无耻的演讲："我真心希望德军胜利，因为若德军失败，明天布尔什维克主义就会泛滥成灾。"

维希政府的内外政策充分暴露出其傀儡的本质。维希政府镇压一切爱国运动，取消选举、言论和出版自由，取缔工会，建立意大利式的国家，实行独裁专政。维希政府完全依附德国，与西班牙关系密切，支持德国在欧洲建立"新秩序"。维希政府为轴心国提供大量物资，其在海外属地的法军曾攻击盟军，并准许轴心国军队在其海外属地过境。

7月13日，戴高乐将"自由法国"改名为"战斗的法国"，他领导下的抗德运动的声势越来越大。

盟军在北非登陆作战时，对英军极度仇恨的法国舰队开始炮击盟军，双方展开激烈的海战。在战斗中，法舰队损失1艘巡洋舰、3艘驱逐舰、7艘鱼雷艇和10艘潜水艇，"让·巴尔号"战列舰遭受重创，伤亡3000人。

这时，已成为法军总司令的达尔朗出于对德国人的极度仇视，下令法属北非各地停火，命令在土伦和达喀尔的法国舰队开往北非。停在土伦港的法国舰队拒不执行命令，他们无法原谅英国舰队在米尔斯克比尔和达喀尔的罪行。

当法属北非停火的消息传到德国后，德军立即占领了法国所有领土，并准备夺取在土伦的法国舰队。面对德军的包围，土伦的法国舰队拒绝英军的援助，决定自沉。结果是3艘战列舰、8艘巡洋舰、17艘驱逐舰、16艘鱼雷艇、16艘潜水艇、7艘通信舰、3艘侦察舰以及60多艘运输舰、油船、挖泥船和拖船全部沉入海底。这样一来，法国海军就只剩下"黎塞留号"战列舰了。

1942年年底，在美国政府多次游说下，"黎塞留号"名义上由美国买下，投入太平洋战场进攻日军，战后还给法国。1946年，"黎塞留号"再次从太平洋返回祖国。在回国前，"黎塞留号"在中南半岛沿岸对越南进行武力威慑。

战后"黎塞留号"在参加法国北非殖民地的几次战争中，作为海军的威慑力量使用。1964 年，"黎塞留号"作为废舰出售，在意大利拆船厂解体。法国战列舰黎塞留级首舰"黎塞留号"终于走完了它命运多舛的一生。

1943 年 1 月 22 日，戴高乐与英国首相丘吉尔、美国总统罗斯福在北非的一个城市卡萨布兰卡举行会谈。这次会谈非常重要，它对于戴高乐以及法国的未来产生了重大影响。时隔多年，罗斯福政策的主要执行者罗伯特·墨菲写道："戴高乐在卡萨布兰卡会议上赢得了未宣告的胜利，这个胜利使戴高乐的计划向前迈进了实质性的一大步，而这个计划将保证法国最大可能地分享盟国所取得的胜利果实，包括全面恢复法兰西帝国。"

会谈后，戴高乐在离开卡萨布兰卡之前，草拟了一个简短的公告，但公告的内容没有透露给丘吉尔和罗斯福。公告是这样写的：

我们会见了，我们会谈了。我们注意到了我们所要达到的目标是完全一致的，这个目标就是彻底打败敌人，从而赢得法国的解放和人类自由的胜利。与所有盟友并肩作战的全体法国人在战争中团结一致，将会达到这个目标。

5 月，法国共产党等 16 个政党团体在国内共同组建了全国抵抗运动委员会，戴高乐派去国内的代表让·穆旦任第一届主席。一年后，法国国内各抵抗组织的武装力量联合为统一的内地军，与德国法西斯进行着英勇不屈的战斗。

9 月 8 日，意大利投降。次日，科西嘉岛爆发起义，戴高乐立即派出

6000 多人的部队增援。经过 20 多天的血战，于 10 月 4 日解放了该岛。

1943 年是第二次世界大战出现根本转折的一年，对戴高乐领导的"战斗的法国"来说，取得了同样可歌可泣的战绩。在盟军实施"火炬"计划期间，法军始终参加战斗，为结束在北非的战争做出了不可磨灭的贡献。

1944 年 6 月，苏联红军解放了波兰，美英盟军从诺曼底登陆后向法国腹地挺进。6 月 3 日，法国临时政府克服重重困难终于在阿尔及利亚正式成立，戴高乐向世人宣布将以临时政府首脑的身份重返法国。此时，戴高乐已经组建了一支战斗力强悍的武装，包括 38 万人的陆军部队、拥有 500 架飞机的空军部队以及 32 万吨的海军部队。这支武装力量完全有能力配合盟军光复被纳粹德国占领长达 4 年之久的祖国。

8 月 19 日，巴黎爆发武装起义。次日，戴高乐率领"战斗的法国"武装力量随同盟军向巴黎挺进。他的部队受到了祖国人民的热烈欢迎。

8 月 30 日，戴高乐宣布法兰西共和国临时政府在巴黎成立。

纳粹德国宣告投降

1945 年 5 月 9 日，纳粹德国宣告投降。戴高乐以法国临时政府首脑的身份与盟军一起接受了德国的投降。

　　至此，法国彻底解放了，凯旋门不再哭泣，埃菲尔铁塔不再垂泪，法兰西重新获得了独立与自由。